Hermann-Josef Frisch

Wie Muslime leben

Hermann-Josef Frisch

Wie Muslime leben

Traditionen, Feste, Alltagsleben

HERDER

FREIBURG · BASEL · WIEN

Wo nicht anders angegeben, stammen Koranverse aus Ahmad Milad Karimi/Bernhard Uhde, Der Koran, Herder, Freiburg i. Br. 2014[2]; Bibelverse aus der Einheitsübersetzung, Katholische Bibelanstalt, Stuttgart 1980
Jahreszahlen sind immer nach der christlichen Zählung, nicht der islamischen angegeben.
[Eckige Klammern] innerhalb von Zitaten sind Erläuterungen des Autors.

FSC
www.fsc.org
MIX
Papier aus verantwortungsvollen Quellen
FSC® C014496

www.herder.de

Satz und Layout: Hermann-Josef Frisch, Overath
Herstellung: GGP Media GmbH, Pößneck

Printed in Germany

ISBN Print 978-3-451-39354-9
ISBN E-Book 978-3-451-81793-9

Vorwort

Der Islam, die zweitgrößte Weltreligion, wird in unserer Zeit kontrovers diskutiert und oft allein von seinen Randerscheinungen bzw. von Vorurteilen her gesehen. Fundamentalistische Gewalt und islamistischer Terror stehen dabei vorrangig im Blick und werden zu Recht nicht nur beklagt, sondern auch bekämpft. Doch ist Islam mit Krieg und Gewalt gleichzusetzen?

Alle Religionen haben eine Gewaltgeschichte, aber ebenso auch eine Friedensgeschichte, dies gilt auch für den Islam. Trotz wieder verstärkten Tendenzen zu einem Nationalismus, sogar Rassismus in manchen Ländern erscheint es in einer Zeit der nicht umkehrbaren Globalisierung unerlässlich, dass jede Religion, auch der Islam, angemessen und nicht einseitig wahrgenommen wird.

Diesem Ziel fühlt sich dieser Band verpflichtet: Es geht ihm um die vielen Gesichter des Islam in unserer Zeit. Es geht ihm um eine vorurteilslose Darstellung der wesentlichen Glaubensaussagen des Islam und seiner in Teilen vorbildlichen, in anderen Teilen fragwürdigen Praxis. Es geht ihm um fundamentale Informationen über den Islam, es geht:

- um *Grundlagen* und damit um Mohammed (arabisch Muhammad), den Koran, die Hadithe, die Umma (muslimische Gemeinschaft);
- um *Geschichte* und damit um den Weg zur Weltreligion, aber auch um die verschiedenen Gesichter des Islam;
- um die *fünf Säulen*, die das Haus des muslimischen Glaubens stützen, um Glaubensbekenntnis, Gebet, Fasten, Abgabe und Ramadan;
- um die *muslimische Gemeinschaft* und damit um Recht (Scharia) und Menschenrechte, Krieg und Frieden;

- um *Kultur, Feste, Lebenslauf* und damit um den Alltag der Muslime;
- schließlich um das Verhältnis des Islam zu anderen *Religionen* und damit um einen Dialog der Religionen.

Diese Informationen sollen einem Austausch und einer besseren Verständigung zwischen den beiden Hauptreligionen in unserem Land (Christentum und Islam) dienen. Nicht um Abgrenzung und Ausgrenzung darf es um des Friedens willen in einer Gesellschaft gehen, sondern um Dialog und Toleranz. Nicht Vorurteile dürfen das Zusammenleben bestimmen, sondern Respekt und gegenseitige Wertschätzung. Nicht Gewalt und Hass, gleich in welcher Form, dürfen die Oberhand gewinnen, sondern ein gerechter Ausgleich zwischen Menschen mit verschiedener Geschichte, kulturellem und religiösem Hintergrund auf der Basis von Menschenrechten und der Würde eines jeden Einzelnen (vgl. Artikel 1 des Grundgesetzes).

Ein solches Vorhaben einer besseren Verständigung ist für alle ein lebenslanger Prozess, der vieler Schritte bedarf, der auch Rückschläge hinnehmen muss, der aber immer wieder mit Mut, Klarheit und Rücksichtnahme aufbrechen soll in eine gelingende Zukunft aller Bürger. Dabei zeigt sich, dass ein vorurteilsfreies Kennenlernen der anderen, auch der anderen Religionen, das eigene Leben und den eigenen Glauben in erheblichem Maß bereichern kann. Ein kleiner Schritt dazu ist dieses Buch.

Der Theologe und Religionswissenschaftler Paul Knitter spricht vom »Welthaus« der Religionen, das aus den »Zimmern« der unterschiedlichen Religionen zusammengesetzt ist. Gehen wir also neugierig, offen und durchaus mit Wohlwollen in das Zimmer des benachbarten Islam, um dann nachdenklich und vielleicht bereichert in unser eigenes Zimmer zurückzukehren.

Hermann-Josef Frisch

Impressionen

Mit wohl 1,8 Milliarden Anhängern ist der Islam in seinen verschiedenen Ausprägungen die zweitgrößte Weltreligion und inzwischen in fast allen Völkern und Kulturen der Welt verbreitet. Obwohl die Grundlagen dieser Religion (Glaube an den einen Gott, Koran als Offenbarungsschrift, Mohammed als Prophet ...) überall gleich sind, haben sich doch im Laufe der Geschichte und aufgrund von unterschiedlichen regionalen Voraussetzungen sehr unterschiedliche Formen des Islam herausgebildet. Dies soll im Folgenden kompakt aufgezeigt werden – Impressionen des Islam in der heutigen Welt:

Die vielen Gesichter des Islam

Etwa 2,5 Millionen muslimischer Pilger kommen jedes Jahr im letzten Monat des islamischen Kalenders *(Dhu-l-Hidschra)* zum Muslimen vorgeschriebenen Hadsch nach Mekka und umrunden in einem genau festgelegten Ritual das zentrale Heiligtum des Islam, die Kaaba. Sie sind unabhängig von ihrer Herkunft und ihrem sozialen Stand alle in die gleichen weißen Pilgergewänder gehüllt, sogar Männer und Frauen in ähnlicher Form: Alle Menschen sind vor Gott gleich und die muslimische Umma (Gemeinschaft) betont diese Gleichheit aller Gläubigen zumindest bei dem Hadsch – im Alltag sieht es oft anders aus: Da gibt es zwischen den Herrschern (etwa

Muslimische Pilger in Mekka

dem saudischen Königshaus) und den Untergebenen (etwa den Arbeitern auf den vielen Baustellen der arabischen Länder) einen nicht überbrückbaren Unterschied. Dennoch ist der Hadsch für alle Muslime eine nicht wegzudiskutierende Mahnung, eine Gemeinschaft von Menschen zu organisieren, die sich als vor Gott gleich verstehen und die deshalb den gleichen Gesetzen und Regeln unterworfen sind.

Dieser grundsätzlichen Einheit innnerhalb der muslimischen Umma steht nach 1400 Jahren Geschichte des Islam ein vielfältiges Bild in den unterschiedlichen Regionen gegenüber. Der Islam ist – wie auch das Christentum, der Buddhismus, der Hinduismus – eine Religion mit vielen Gesichtern.

Meist blicken Menschen beim Stichwort Islam zuerst auf die arabische Halbinsel und dort auf den strengen Islam in Form des Wahhabismus, wie er seit knapp dreihundert Jahren in Saudi-Arabien gepflegt wird. In dieser Ausrichtung des Islam werden zu Recht auch viele Wurzeln eines extremen Islamismus und des daraus erwachsenden Terrors meist nach innen (innerhalb islamischer Gesellschaften), aber auch nach außen (gegen die »Ungläubigen«) gesehen. Doch umfasst das manchmal beängstigende Bild eines solch fundamentalistisch-kämpferischen Islam (vgl. Seite 104) keineswegs die ganze Vielfalt islamischen Glaubens. Natürlich finden sich mit Mekka und Medina zwei der wichtigsten spirituellen Zentren des Islam in Saudi-Arabien (das dritte ist Jerusalem, vgl. Seite 38), doch lagen nach der Anfangszeit unter Mohammed und den vier rechtgeleiteten Kalifen (vgl. Seite 41) die Machtzentren der großen islamischen Reiche nicht mehr dort, sondern in Damaskus, Bagdad, Kairo, Istanbul, Delhi, sodass sich allein durch den geschichtlichen Wandel ein anderes Bild bietet (vgl. Seite 47).

Mehr noch aber ergab sich durch die Einwurzelung des Islam in die unterschiedlichen geschichtlichen und kulturellen Kontexte anderer Weltregionen als denen des Vorderen Orients eine Vielgestaltigkeit zwar nicht in den Grundlagen des Glaubens, wohl aber in seinen Ausdrucks- und Gottesdienstformen, in seinen Ritualen, in seinen konkreten Lebensweisen, in Architektur, Kunst, Wissenschaft und anderem (vgl. ab Seite 140).

Denn die größte Zahl der Muslime in der heutigen Welt lebt keineswegs im Vorderen Orient: In Saudi-Arabien gibt es 34 Millionen Muslime, im größten weithin muslimischen Staat Indonesien in Südostasien mit seinen 260 Millionen Einwohnern etwa 225 Millionen Muslime (ca. 87 %). Die Staaten mit der nächstgrößten muslimischen Bevölkerung sind Pakistan (200 Millionen Einwohner – 190 Millionen Muslime), Indien (1,4 Milliarden Einwohner, 190 Millionen Muslime) und Bangladesch (170 Millionen Einwohner, 155 Millionen Muslime), also südasiatische Länder. Erst mit Abstand folgen zwei afrikanische Länder: Nigeria (190 Millionen Einwohner, 95

Millionen Muslime) und Ägypten (95 Millionen Einwohner, 85 Millionen Muslime) – (alle Zahlen von 2017, meist aber Schätzungen).

Von den ca. 330 Millionen Einwohnern der USA sind nur 1 % muslimischen Glaubens, in den Staaten der EU sind es bei 512 Millionen Einwohnern etwa 2 %. In Europa sind besonders Albanien, Bosnien-Herzogowina und der Kosovo muslimisch geprägt. In Deutschland leben bei fast 83 Millionen Einwohnern etwa 4,5 Millionen Muslime (ca. 5,5 %).

Die erste noch provisorische Moschee in Deutschland wurde 1915 in einem Kriegsgefangenenlager bei Wünsdorf errichtet; die erste zivile Moschee wurde 1924 in Berlin-Wilmersdorf gebaut – die Wilmersdorfer Moschee gehört der Ahmadiyya-Richtung des Islam (vgl. Seite 48) an. Heute gibt es in allen Städten Deutschlands Moscheebauten, die meist zum sunnitischen Islam gehören. Oft sind es versteckte »Hinterhofmoscheen«, doch inzwischen werden auch repräsentative Bauten errichtet wie die (türkische) DITIB-Zentralmoschee in Köln-Ehrenfeld.

Die meisten Muslime leben also schwerpunktmäßig in Süd- und Südostasien, auch in Zentralasien und im südsaharischen Afrika, vergleichsweise wenige (mit Ausnahme von Ägypten) im Vorderen Orient und Nordafrika. Gegenüber diesen Fakten wird aber meist der strenge Islam des Vorderen Orients wahrgenommen. Doch muss man auch sagen, dass er durch die Finanzierung von Moscheebauten und die Entsendung von wahhabitischen Imamen zunehmend Einfluss auch in anderen Regionen Asiens und Afrikas gewinnt – fundamentalistische Strömungen verstärken sich, doch sie prägen keineswegs das Gesamtbild des Islam.

Deshalb muss man für eine angemessene Wahrnehmung der muslimischen Religion auf die bunte Vielfalt des Islam weltweit schauen – auf seine vielen Gesichter. Da finden wir die beindruckenden Lehmbauten von Moscheen in Mali, oft im westafrikanischen Bereich verbunden mit einer (eigentlich nach der strengen Lehre nicht zulässigen) Verehrung muslimischer Heiliger. Da gibt es die zentralasiatischen Medresen mit einem meist großzügig gehandhabtem Islam. Da sind Moscheebauten in chinesischem Stil bei den muslimischen Hui in China, den Nachkommen muslimischer Kaufleute aus dem 8. Jahrhundert (und mit 11 Millionen keine kleine Gruppe); ebenso viele Muslime gehören im Westen Chinas (Provinz Xinjiang) zum Minderheitenvolk der Uiguren. Insgesamt leben in China mit 30 Millionen Muslimen mehr Menschen muslimischen Glaubens als etwa in Syrien.

Es gibt die etwa eine Million muslimischer Cham in Vietnam und Kambodscha, die muslimische Minderheit im Süden der meist katholischen Philippinen (vor allem auf der Insel Mindanao) mit ca. 6 Millionen Gläubigen. Von den ca. 145 Millionen Einwohnern Russlands sind etwa 14 % muslimischen Glaubens (ca. 20 Millionen, vor allem Tartaren und Baschkiren im Gebiet von Kasan und Kaukasus-Völker).

Im subsaharischen Raum sind vor allem Sufi-Schulen bedeutsam, völlig anders zeigt sich dagegen die Schia in Iran (80 Millionen) und im südlichen Irak (23 Millionen Schiiten, 14 Millionen Sunniten). Es gibt im Islam die Ahmadiyya, eine im indischen Raum im 19. Jahrhundert entstandene Reformbewegung; es gibt in der Türkei die Aleviten als eigenständige Richtung des Islam mit anderen Schwerpunkten ihrer Glaubensausübung; es gibt in Syrien sogar mit den Alawiten (Nusarier) einen esoterischen Islam mit Geheimlehren (u.a. Seelenwanderung), bei dem man sich fragen muss, ob er überhaupt noch zum Islam gehört (vgl. zu den islamischen Richtungen Seite 53). Andere Richtungen des Islam sind die Ibaditen im Oman oder die schiitischen Gruppen der Ismailiten und Zaiditen.

Kurzum: Der Islam baut als weltumfassende Religion zwar auf den gleichen Grundlagen auf (vgl. ab 23), zeigt aber ein vielfältiges Gesicht, sodass man bei Beschreibung und Beurteilung immer differenzieren muss, welche Richtung und Ordnung gemeint ist. Damit ähnelt er den anderen Weltreligionen, die wie Hinduismus, Buddhismus und Christentum ja ebenfalls ein äußerst unterschiedliches Gesicht zeigen: von fundamentalistischen Strömungen, die es in allen Religionen gibt (und die immer eine Plage der Menschheit sind), bis hin zu Strömungen großer Toleranz und Zugewandtheit zu den Menschen. Der Islam ist zudem missionarisch geprägt und die wohl am stärksten wachsende Weltreligion. Deshalb werden sich auch in einigen Regionen (etwa Europa) neue Formen des Islam entwickeln, die eigene Akzente bei der Umsetzung der islamischen Grundlagen in örtliche Gemeinschaften setzen werden (vgl. ab Seite 213 Perspektiven).

Der Islam in der heutigen Welt

Jede Gesellschaft und auch jede Religion steht beständig im Spannungsfeld von Tradition und Aufbruch, von Beharrung und Veränderung, von Vergangenheit und Zukunft. Die Religionen scheinen dabei in unserer Zeit vordergründig eher zu den beharrenden Elementen heutiger Gesellschaften zu gehören, die «konservierend« die in der Vergangenheit entwickelten Werte, Lebensformen und Traditionen unverändert weitertragen wollen. Oft haben sich Religionen deshalb Entwicklungen verschlossen, und dies bleibt auch in unserer Zeit eine Gefahr. Es gab und gibt im Bereich religiöser Gemeinschaften Entwicklungsverweigerungen, die das Zusammenleben von Menschen erschweren.

Doch stehen alle Religionen – und die großen wie Christentum und Islam in besonderer Weise – vor neuen Herausforderungen und dies besonders in zweifacher Hinsicht:

- Der gesellschaftliche, wissenschaftliche und technische Wandel vollzieht sich in unserer Zeit in immer schnellerem Maß. Neue Kommunikationsmittel, Informationstechnologie, digitale Medien, computergesteuerte Produktionsprozesse sind nur äußere Zeichen eines großen Umbruchs von Lebensweisen, die bereits die schulische Bildung verändern, zunehmend die Arbeitswelt beeinflussen und auch das private Zusammenleben erreichen. Es ist zu erwarten, dass eine stärker automatisierte Technik, ökonomische Rationalisierung in Produktion und zunehmend auch in der Dienstleistung und anderes mehr sich prägend auf die Gesellschaften und jede einzelne Gruppe darin auswirken – die Religionen sind davon betroffen.
- Durch die irreversible Globalisierung der Wirtschaft und des Finanzsystems ergeben sich Veränderungen im Zusammenleben von Völkern, Regionen und Kulturen, die zu einer größeren Mobilität von Einzelpersonen, aber durch Kriege und wirtschaftliche Not auch zu Migrationsbewegungen führen, die sich in Zukunft eher verstärken werden. Die großen Religionen sind heute nicht länger vor allem in einzelnen Regionen und Kulturen beheimatet, die religiös und gesellschaftlich homogen sind, sondern müssen sich einer Vielzahl von Traditionen stellen und stehen einander auch in einer stärkeren »Konkurrenz« gegenüber – dies kann Konflikte bedeuten, aber auch fruchtbaren und für alle Seiten wertvollen Austausch.

Diese beiden Punkte bedeuten für alle Religionen und damit auch für den Islam einen zunehmenden Veränderungsdruck, der nicht durch autoritären und fundamentalistischen Zwang der Mitglieder beseitigt werden kann. Wenn sich die Religionen nicht den neuen Herausforderungen stellen, werden sie Mühe haben, in einer veränderten Zeit zu überleben. Säkulare Strömungen, die Religion marginalisieren, gibt es nicht nur im europäisch-christlichen Bereich, sondern, wenn auch geringer, in den süd- und ostasiatischen Regionen und durchaus auch in manchen Gebieten des Islam. In der Geschichte der Menschheit sind Religionen und Sinnsysteme immer wieder durch Paradigmenwechsel (Wechsel eines Gesamtgefüges von Denkweisen, Werten und Handlungen) von neuen Religionen und Sinnsystemen abgelöst worden. Dagegen sind auch die heutigen Weltreligionen nicht gefeit.

Die Begegnung der Religionen mit kultureller Vielfalt, mit – zumindest in den westlich geprägten Ländern – einer Vielzahl von individuellen Lebensweisen erfordert ein Umdenken: Aus der Verwurzelung in eine einzige Kultur, sprachliche Tradition, in hergebrachte Rituale muss eine grundsätzliche Offenheit für die Weite des menschlichen Lebens erlangt werden, für die Vielfalt von Kulturen und Sprachen, für die vielen Wege, die Menschen gehen können. Religionen können zu Fortschrittsverweigerern werden (so wird der fundamentalistische Islam heute oft gesehen), sie können aber auch mit ihren religiösen Werten Impulse setzen, die Wege zu einer gerechteren und menschenwürdigeren Gesellschaft fördern.

Wie alle Religionen braucht der Islam den Mut zum Neuaufbruch, zur ständigen Reform. Das bedeutet keineswegs den Verzicht auf die Grundlagen, auf denen die Religionen aufbauen (etwa unbedingter Glaube an den einen Gott oder Hoffnung auf Vollendung des Lebens im Jenseits). Wohl aber müssen Religionen ihre althergebrachten und durchaus liebgewonnen Traditionen kritisch daraufhin befragen, ob diese nicht nur in ihrer Entstehungszeit angemessen und sinnvoll waren, sondern es heute noch in einer veränderten Situation sein können – in dem neuen Paradigma unserer modernen

Welt, in der sich Sprache, Kultur und Brauchtum, aber auch Werte und Lebensweisen grundlegend verändern.

Der französische Historiker, Sozialist und Pazifist Jean Jaurès (1859–1914) drückte dies so aus: »Einer Tradition treu zu sein, bedeutet, der Flamme treu zu sein und nicht der Asche.« Religionen sollen nicht die Asche überholter Traditionen bewahren, sondern das »Feuer ihrer lebendigen Überlieferung« weitergeben. Diese Anforderung steht im Gegensatz zum Denken fundamentalistischer Gruppen, die in der Regel jede Veränderung verweigern und sich in einer rückwärtsgewandten Sicht verharrend an einer – oft geschönten und idealisierten – Vergangenheit orientieren.

Ein fatales, aber grundlegendes Beispiel für die Problematik von Tradition und Veränderung ist die islamische Rechtslehre, die sich grundsätzlich und unbestreitbar an Koran und den Hadithen (den Aussprüchen und Handlungen Mohammeds) orientiert. Nicht jede neue Situation aber lässt sich

Muslime in der Tilya-Kori-Madrasa, Samarkand, Usbekistan

von diesen beiden Rechtsquellen her beantworten. Deshalb entstanden im 8. und 9. Jahrhundert unterschiedliche Rechtsschulen (vgl. Seite 54), die das islamische Recht (*Scharia*, vgl. Seite 119) weiterentwickelten. Doch ab dem 11. Jahrhundert formulieren die meisten islamischen Rechtsgelehrten, dass die »Tore der *idschdihad* (Rechtsauslegung)« geschlossen sind und deshalb zwar noch Analogieschlüsse *(al-qiyas)* denkbar seien, sonst aber ein Konsens *(idschma)* der Rechtsgelehrten in einer Frage vorliegen müsse. Heute gibt es dagegen einzelne Gelehrte, die eine Wiedereröffnung des »Auslegungstores« fordern und damit Veränderungen entsprechend neuer Herausforderungen ermöglichen wollen.

Weitere Beispiele für den Veränderungsdruck, dem der Islam in einer vielgestaltigen Welt begegnet sind die Frage nach der Rolle der Frau (vgl. Seite 110) oder nach einer staatlichen Ordnung, in der jeder Einzelne gleiche Rechte und Pflichten hat, also einer staatlichen, säkularen Struktur (vgl. Seite 115), die auf demokratische Werte abzielt.

An solchen Beispielen werden die Anforderungen deutlich, denen der Islam (und andere Religionen) angesichts der heutigen veränderten Welt begegnet. Was über lange Jahrhunderte als feste und unveränderliche Tradition erschien, muss nun neu und kritisch-produktiv bedacht werden. Dies bedeutet Mühe und führt auch zu Konflikten, manche Einförmigkeit bisheriger Aussagen, Forderungen und Vorschriften für alle Muslime wird sich nicht erhalten lassen. Doch Einförmigkeit in Traditionen, Ritualen und Lebensweisen ist etwas anderes als die grundsätzliche Einheit im Glauben.

Es ist – wenn auch begleitet von vielerlei Auseinandersetzungen und Rückschlägen – durchaus zu erwarten, dass der Islam sich solchen und anderen Herausforderungen einer neuen Zeit stellen wird. Dabei erscheinen auch Veränderungen möglich, die nicht nur äußerlich sind (wie etwa die an die jeweilige Kultur angepasste Form eines Moscheenbaus), sondern die auch das öffentliche Erscheinungsbild des Islam grundlegend verändern. Dies kann sogar die Grundlagen des Islam berühren – etwa eine historisch-kritische Betrachtung des Korans und der Hadithe, die deutlicher als bisher zwischen allgemeinen, grundsätzlichen und nicht veränderbaren Aussagen dieser Texte und zeitbedingten und der damaligen Gesellschaftsform und Kultur geschuldeten Einzelvorschriften unterscheidet, die nicht zur Grundlage heutigen Lebens gemacht werden können. Für die mitteleuropäischen Gesellschaften wäre ein »Europäischer Islam« nicht nur denkbar, sondern sinnvoll und notwendig, der den islamischen Glauben mit dem Paradigma (Gesamtgefüge) europäischer Denk- und Lebensweise verbindet (Stichworte sind etwa Rechte des Individuums, Gleichheit aller, Verhältnis von Mann und Frau, Menschenrechte ...).

Konfrontation und Austausch

Solche notwendigen Aufbrüche des Islam innerhalb der modernen Welt treffen innerhalb der muslimischem Umma auf die allen menschlichen Gesellschaften eigenen Ungleichzeitigkeiten ihrer Mitglieder. Während die einen mutig und entschlossen Veränderungen anstreben (Stichwort: arabischer Frühling), beharren die anderen unerbittlich auf wörtlicher Auslegung der alten heiligen Texte und verweigern sich jeder Änderung bisheriger religiöser Deutungen und Ausdrucksformen. Die meisten Menschen allerdings haben wohl eine Einstellung, die zwischen diesen beiden Extremen liegt. Es gilt daher für jede Gruppierung und auch jede Religion, diese Mehrheit für die Notwendigkeit von Umbrüchen und Aufbrüchen zu überzeugen und für Veränderungen zu mobilisieren. Das jedoch – so zeigt sich überall, im Islam und im katholischen und orthodoxen Christentum vielleicht in besonders hohem Maß – kann eine Sisyphos-Arbeit sein.

Deshalb ist es nicht verwunderlich, wenn angesichts einer grundlegend veränderten Situation unserer Welt und ständig neuer Herausforderungen in allen Lebensbereichen der Menschen (Politik, Gesellschaftsordnung, Wirtschaft, Technik, aber auch Ethik, Moral und Religion) und angesichts einer Globalisierung, die sich nicht allein auf den wirtschaftlichen Bereich beschränkt, die Reaktionen sehr unterschiedlich sind:

- Die einen setzen auf *Konfrontation*. Damit ist zuerst einmal die deutliche Abgrenzung von anderen Lebensentwürfen, moralischen und religiösen Strukturen gemeint; auch die Wiederkehr eines abgrenzenden Nationalismus in vielen Völkern gehört dazu (»America first« – »Hindutva, Indien allein den Hindus« – Israel als jüdischer Nationalstaat ...). Solche Abgrenzung führt aber nahezu notwendigerweise zu Gewalt und auch zu kriegerischer Auseinandersetzung: Wer davon überzeugt ist, dass er allein recht hat und dass ihm dieses Recht von Gott, den Göttern gegeben wird, der wird versuchen, sein »Recht« auch durchzusetzen, notfalls mit allen Mitteln. Die Erfahrung einer globalisierten Welt führt deshalb bei einer wachsenden Zahl von Menschen nicht zum Austausch, sondern zur Abgrenzung und Ausgrenzung aus Angst vor Verlust der eigenen Identität.
- Die anderen setzen auf *Austausch*. Sie erkennen den Reichtum der verschiedenen geschichtlich gewachsenen Kulturen und auch Religionen und sehen diese Vielfalt menschlicher Lebenswege nicht als Gefahr an, sondern als Chance zu einem Austausch und zu einer gegenseitigen Bereicherung. Hier ist eine Offenheit für andere Lebensweisen zu erkennen, ein Ernstnehmen anderer Meinun-

gen und ein kritisch-produktives Hinterfragen nicht nur der anderen, sondern auch des eigenen Lebens und seiner Werte und Einstellungen auch im religiösen Bereich. Die bunte Vielfalt der Menschheit wird als Impuls gesehen, nicht im Altbekannten und Hergebrachten zu verharren, sondern beweglich und kreativ die Zukunft zu gestalten.

Konfrontation und Austausch – diese Alternativen werden künftig jede menschliche Gesellschaft, jedes Volk und auch jede Religion prägen. Dies ist die Alternative von Gewalt und Frieden, so wie es der Theologe Hans Küng wegweisend gesagt hat: »Kein Friede unter den Nationen ohne Frieden unter den Religionen.« Dieser Aufgabe müssen sich in besonderer Weise die beiden größten Religionen der Welt stellen: Christentum und Islam.

Ein Austausch bedeutet allerdings vorab die Kenntnis von grundlegenden Informationen. Somit folgen in kompakter Form* zwei Kapitel zu den Grundlagen und der Geschichte des Islam.

* Für weitere Informationen siehe vom selben Autor:
Der Koran für Christen. Gemeinsamkeiten entdecken, Freiburg 2016;
Mohammed für Christen. Prophet und Staatsmann, Freiburg 2018

☪ Grundlagen

Grundlage des Islam ist der Koran, die göttliche Offenbarung, die über den Propheten Mohammed die Menschen erreichte, und die für Muslime eine höhere Bedeutung hat als die Bibel für Juden und Christen. Doch wird hier zuerst Mohammed (arabisch *Muhammad*) vorgestellt, um die Entstehung des Korans in einer bestimmten zeitgeschichtlichen Situation aufzuzeigen. Zu Mohammed gehören dann auch die Hadithe, die Erzählungen über Aussprüche und Handlungen Mohammeds, die nicht im Koran enthalten sind und auf die nach der Darstellung des Korans eingegangen wird. Schließlich wird ein erster Blick auf die *Umma*, die muslimische Gemeinschaft geworfen, der in den folgenden Kapiteln vertieft wird.

Mohammed – der Prophet

Mohammed wurde etwa im Jahr 570 n. Chr. in der arabischen Stadt Mekka geboren und gehörte zum Stamm der Quraisch. Mekka war damals eine bedeutende Handelsstadt, zugleich ein Pilgerort, wo eine Fülle von Göttern und Göttinnen verehrt wurden. Schon früh wurde Mohammed Waise, die Vormundschaft übernahm sein Großvater, dann sein Onkel Abū Tālib. Wie damals üblich wurde Mohammed als Kind zum Hüten von Schafen und Ziegen eingesetzt. Doch bereits mit neun Jahren durfte er seinen Onkel bei einer Handelsreise nach Syrien begleiten – dort lernt er in Bosra und Damaskus Juden und Christen kennen. Von ihnen wird er biblische Texte über Abraham und Mose, David und Jesus gehört haben – eine der Grundlagen des Korans sind unterschiedliche Erzählungen vor allem aus der Hebräischen Bibel. In der Folge konnte Mohammed weitere Reisen nach Norden unternehmen, sodass er über seine Tätigkeit als Hirte hinauswuchs und Karawanenführer wurde. Aufträge dazu kamen auch von der Witwe Chadīdscha, einer reichen Händlerin. Obwohl der soziale Stand der beiden unterschiedlich war – eine gebildete, selbstständige und zudem ältere Kaufmannsfrau und ein armer und leseunkundiger Karawanenführer –, heirateten die beiden im Jahr 595. Fast alle Kinder dieser Ehe sind früh verstorben, allein Fātima wurde später in der Geschichte des Islam von Bedeutung, weil sie Alī ibn Abū Tālib (vgl. Seite 43) heiratete.

Die traditionelle Götterverehrung in Mekka genügte Mohammed bald nicht mehr, so zog er sich im Monat Ramadan in eine Höhle des Berges Hirā zurück – Mohammed wurde zum *Hanīf*, zum spirituell Suchenden. Im Jahr 610 ereignete sich dort die erste Offenbarung Gottes an Mohammed – Sure 96 gilt als die früheste Koransure. In der Folge wird Mohammed in seiner Heimatstadt Mekka zum Verkünder des Glaubens an nur einen und einzigen Gott; weitere Offenbarungen folgten.

Doch im nicht nur vom Handel, sondern auch von den Pilgerströmen wirtschaftlich abhängigen Mekka hatte seine Botschaft nur bei wenigen Erfolg, meist bei nahen Verwandten innerhalb seines Stammes der Quraisch. Es entstand eine kleine Gemeinde erster Muslime, doch ihre Zahl und ihr Einfluss waren gering und sie gerieten immer mehr unter Druck der an den alten Religionsformen hängenden Mehrheit. Aufgrund dieses Widerstandes mussten einige Anhänger der neuen Lehre etwa um 615 nach Äthiopien auswandern bzw. fliehen. Der Druck auf Mohammed in Mekka aber blieb.

Erste Offenbarung einer Koransure an Mohammed durch den Engel Gabriel, Persien, 15. Jh.

Im Jahr 622 hatte sich im 400 Kilometer nördlich von Mekka gelegenen Yathrib (dem heutigen Medina, eigentlich *Medina an-nabī*, »Stadt des Propheten«) die Lage zugespitzt: Zwei arabische und drei jüdische Stämme, die die Oasenstadt bewohnten, waren uneinig und suchten einen auswärtigen Vermittler. So boten sie Mohammed die Stellung des Stadtoberhauptes an – dieser nahm das Angebot an. 622 erfolgte die *Hidschra*, der erste entscheidende Einschnitt in der islamischen Geschichte: Mohammed zog mit seinen Getreuen nach Medina; eine neue Zeit brach für den Propheten und seine islamische Religion an – die islamische Zeitrechnung beginnt deshalb mit dem Jahr 622.

In Medina entstand eine erste muslimische Gemeinde, die *Umma-al-islāmīya*. Das kleine Hofhaus, das Mohammed hier bewohnt, wurde zugleich zur ersten Moschee; in Medina entstand eine erste islamische Gesellschaftsordnung. Deshalb finden sich in den folgenden Offenbarungen, den in Medina geoffenbarten Suren, auch zunehmend nicht nur Aussagen zum Glauben an den einen Gott und Erzählungen über frühere Propheten wie in den in Mekka entstandenen Suren, sondern Regelungen zu Zivil- und Strafrecht und vielerlei Bereichen, die das Zusammenleben gestalten. Bei den beiden arabischen Stämmen in Medina hatte Mohammed auch missionarischen Erfolg, sie konvertierten zum Islam.

Den Mekkanern war dies ein Dorn im Auge, zudem auch einzelne ihrer Karawanen im medinischen Bereich überfallen wurden. So erfolgten Angriffe mekkanischer Krieger auf Medina und die muslimische Umma, die zurückgeschlagen werden konnten. Der militärischen Klärung (Mohammed war als Stadtoberhaupt auch militärischer Befehlshaber) folgte eine eine Klärung im Inneren: Die jüdischen Stämme, die die Unterstützung Mohammeds verweigerten, wurden vertrieben oder blutig verfolgt und vernichtet – Medina war nun rein muslimisch; Islam und Staat gingen eine Symbiose ein, die bis heute Staaten mit muslimischer Mehrheit prägt.

In seinen letzten Lebensjahren erreichte Mohammed zwei weitere Ziele: Er konnte sowohl durch dynastische Heiraten wie durch Feldzüge die arabischen Stämme zum ersten Mal in ihrer Geschichte einigen und damit die bislang nahezu ununterbrochenen kriegerischen Auseinandersetzungen auf der arabischen Halbinsel beenden. Die dadurch neu gewonnene Macht führte auch zur friedlichen Einnahme seiner Heimatstadt Mekka im Jahr 629. Mohammed reinigte die uralte Kaaba im Zentrum der Stadt von aller vorislamischen Götterverehrung und begann mit dem Hadsch, der muslimischen Wallfahrt dorthin. 632 starb Mohammed in Medina und wurde im Hof seines Hauses begraben – dort erhebt sich heute die riesige Prophetenmoschee.

Wie ist die Gestalt des Mohammed zu werten?

- Mohammed war *Prophet* in der Linie der monotheistischen Religionen Judentum und Christentum; im Koran werden eine Fülle biblischer Propheten als Vorläufer Mohammeds genannt, zuletzt Jesus, der als Prophet und Wort von Gott im Islam hoch geschätzt, aber nicht als Gottessohn verstanden wird. Auch Mohammed wird ausschließlich als Mensch, nicht als »Gottessohn« verstanden, aber er ist der *Gesandte* Gottes, das abschließende »Siegel der Propheten.
- Mohammed verstand sich nicht als Stifter einer neuen Religion, sondern als *Erneuerer* der alten Religion, die von Abraham herkommt, dem ersten *Muslim* (= »Gottergebenen«), aber immer wieder im Judentum und Christentum verfälscht wurde. Mohammed ruft deshalb zum unbedingten Glauben an den einen Gott auf und fordert von den Gläubigen, sich ganz dem Willen Gottes zu ergeben.
- Mohammed war in Medina nicht länger nur Prophet, sondern wurde zum *Staatsmann*, damit zum Gesetzgeber, Richter, Heerführer, Krieger und Feldherr, Politiker und Diplomat. Als Prophet kann man ihn mit Jesus vergleichen, in dieser Funktion jedoch nicht – da ähnelt er eher Mose, der ebenso Prophet *und* Anführer des Volkes war.

Wenn man auf die Geschichte des Islam als heute zweitgrößter Weltreligion schaut, dann gehört Mohammed zu den Großen der Weltgeschichte – er wird im islamischen Bereich deshalb zu Recht aufs Höchste verehrt. Doch im außerislamischen Bereich, vor allem im Christentum und Judentum, war und ist er umstritten. Dies liegt wesentlich an der Gewaltgeschichte zwischen den drei vorderorientalischen Schwesterreligionen. Doch können Christen durchaus Mohammed als Propheten Gottes anerkennen: Der gegenüber allen Menschen barmherzige Gott schafft unterschiedliche Wege, auf denen Menschen ihm begegnen können. Christen, Juden und Muslisme aber eint der gemeinsame Glaube an den einen Gott.

Koran – das Buch

Grundlage des Islam ist ohne jede Einschränkung der Koran, das heilige Buch der Muslime. Seine Stellung innerhalb des Islam lässt sich mit der Stellung Jesu im Christentum vergleichen: Beide werden innerhalb ihrer Glaubensgemeinschaften als gutes Wort Gottes für die Menschen angesehen, beide sind – in je anderer Deutung – Offenbarungen des barmherzigen, den Menschen zugewandten Gottes. Der Islam ist deshalb, darin eher dem Judentum mit seiner Tora vergleichbar, eine unbedingte *Buch*religion, das Christentum bindet sich an die *Person* Jesu, der als Mensch und Gott bekannt wird. Das Buch der Bibel mit seinen vielen Schriften wird im Christentum zwar hoch geschätzt (vor allem in den reformatorischen Kirchen, seit dem Zweiten Vatikanischen Konzil wieder stärker auch in der katholischen Kirche), ist aber Jesus untergeordnet. Dies ist im Islam anders: Mohammed ist zwar Vermittler, verkündet die ihm in den Suren des Korans übermittelte Offenbarung an die Menschen, aber er steht wie alle Menschen unter dem Wort des Korans.

Für alle Richtungen des Islam (vgl. Seite 53) ist der Koran die absolute Richtschnur ihres Glaubens, weil der Gläubige im Koran das unverfälschte Wort Gottes liest (*al-qu'ran* = »Lesung, Rezitation«). Der Koran gilt als himmlisches, göttliches Buch, das als »Urkoran« bei Gott selbst aufbewahrt wird und deshalb auch nur ohne jegliche Veränderung überliefert werden darf. Diesen Urkoran hat Gott immer wieder neu Menschen geoffenbart: *Ibrāhīm* (Abraham), dem ersten Muslim, dem ersten gottergebenen Menschen, *Mūsā* (Mose), dem die Tora gegeben wurde, *Īsā* (Jesus), der das Evangelium erhielt. Doch die Menschen verfälschten dieses Wort Gottes – die Juden bezogen es nicht auf die Menschheit, sondern nur auf ihr Volk, die Christen setzten neben Gott andere (Jesus, Maria). Somit wurde es nötig, dass Gott eine weitere Offenbarung (aus islamischer Sicht die letzte, unbedingte) sandte: an *Muhammad* (Mohammed), dem letzten (dem Siegel) der Propheten und Gesandten. Diese durch den Engel Gabriel übermittelte Offenbarung geschah in arabischer Sprache – deshalb muss der Koran auch in Arabisch verbreitet und gelesen werden.

Der Koran als unveränderliches Wort Gottes ist ein »gesegnetes« Buch (Sure 38,29), ein »Licht für die Gläubigen« (Sure 4,174), eine »Rechtleitung« (Sure 39,23), die es dem Menschen ermöglicht, nach dem Willen Gottes einen rechten Weg zu gehen und sich für Gott und sein Heil zu entscheiden. Der Koran ist eine »frohe Kunde« (Sure 41,2–4, vgl. die Wortbedeutung von Evangelium), zugleich aber auch eine Warnung, nicht falsche Wege zu gehen. Der Koran ermutigt immer wieder neu zu einem Bekenntnis zum einen und einzigen Gott, zum »Barmherzigen und Erbarmer« (vgl. die *basmala*, die Einleitung zu jeder Sure des Korans).

Die jüdisch-christliche Bibel weist eine lange Entstehungsgeschichte auf (ca. 1000 Jahre); unterschiedliche Textsorten finden sich in den vielen biblischen Büchern mit unterschiedlichen Verfassern, verschiedenen Aussageabsichten, und unterschiedlichen kulturellen, sprachlichen und religiösen Hintergründen. Die Bibel ist ein vielgesichtiges Buch, das von unterschiedlichsten Seiten her ein doppeltes Grundthema umkreist, das Verhältnis von Gott und den Menschen und das rechte Zusammenleben der Menschen.

Der Koran hat eine grundsätzlich andere Struktur: Er ist in einem sehr kurzen Zeitraum (von 610–622 in Mekka, von 622–632 in Medina) entstanden, von einem einzigen Propheten, Mohammed, diktiert, zudem sehr bald nach dem Tod

Muslim mit Koran, Umayyadenmoschee Damaskus, Syrien

Mohammeds in eine endgültige schriftliche Fassung gebracht. Ferner richtet sich der Koran ursprünglich an eine einheitlich arabische Hörerschaft; erst nach dem Tod Mohammeds wird die Verkündigung des Korans auf Gebiete jenseits der arabischen Halbinsel ausgeweitet. Der Koran besteht auch nur aus einer einzigen Schrift – diese allerdings setzt sich aus vielen Textsorten zusammen (Prophetenerzählungen, Gottesrede, Mahnungen, Rechtssprüche, Prophezeiung und vieles andere), die zudem sehr schnell und unvermutet wechseln, sodass das Lesen des Korans schwer erscheint. Sein Grundthema ist – darin durchaus vergleichbar der Bibel – das Verhältnis eines transzendenten und dennoch den Menschen zugewandten Gottes zu seiner Schöpfung, besonders zu den Menschen.

Das *eine* Buch des Korans ist in 114 *Suren* (syrisch = »Zeile«, »Schrift«, »Anfang«) gegliedert. Sure 1 (»Die Eröffnende«) ragt dabei gleichsam als Überschrift über den ganzen Koran heraus, sie wird am häufigsten von Muslimen rezitiert. Die weiteren Suren sind nicht nach inhaltlichen Gesichtspunkten, sondern nach der Textlänge im Arabischen angeordnet, die längste ist Sure 2, die kürzeste ist Sure 114. Es gibt keine geschichtlich anmutende Reihenfolge wie bei den ersten Büchern der Hebräischen Bibel, sondern die Themen sind im Gesamtwerk bunt gemischt.

In späterer Zeit wurden die Suren mit einer Überschrift versehen, die zwar ein Stichwort des folgenden Textes aufgreift, aber nicht immer den wichtigsten Inhalt der jeweiligen Sure wiedergibt. Die Suren werden nach den in Mekka und den in Medina entstandenen Offenbarungen gedeutet. Die 24 mekkanischen Suren behandeln wesentlich den Glauben an den einen und einzigen Gott, rufen zu einer grundsätzlichen Entscheidung zum Glauben auf und erzählen von den Mohammed vorausgegangenen und in der Bibel aufgeführten Propheten. Die 90 medinischen Suren zeigen die neue Stellung Mohammeds nicht länger nur als Prophet, sondern als Staatsoberhaupt und Richter – es finden sich nun vielfältige gesetzliche Vorschriften zu Erbrecht, Strafrecht und anderen Bereichen gesellschaftlichen Zusammenlebens. Heute wird den mekkanischen Suren mit ihren Grundlagen islamischen Glaubens von manchen Gelehrten eine höhere Verbindlichkeit zugesprochen als den eher kulturabhängigen medinischen Suren. Doch für alle gilt, dass der Koran die höchste Instanz im Islam ist, wenn auch die Hadithe für das Alltagsleben wichtig sind.

Hadithe – die Tradition

Die innere Mitte des Islam ist die Hingabe an Gott und die Unterwerfung unter Gottes Willen. Dieser Wille Gottes wird vorrangig durch die Suren des Korans erschlossen; aus der

Offenbarungsschrift ergibt sich eine alles umfassende Lebensordnung aus dem Glauben an den einen und einzigen Gott. Diese Lebensordnung wird durch die konkreten Formulierungen der muslimischen Rechtsordnung, der Scharia (vgl. Seite 119), wiedergegeben.

Die Entwicklung dieser Lebens- und Rechtsordnung zeigte aber, dass nur wenige Fragen des Alltags durch Weisungen des Korans beantwortet werden konnten. Deshalb blickte man vor allem auf die Lebensweise des Propheten, auf überlieferte Aussprüche, Reden und Handlungen Mohammeds; diese werden als *sunnat-an-nabī* bezeichnet, kurz als *Sunna* (arabisch für Gewohnheit, Brauch, Verhalten im Alltag, überlieferte Norm). Rechtsquellen wurden somit, wo möglich, der Koran, aber vorrangig die Sunna. Dies lässt sich in etwa mit den beiden Grundlagen des katholischen Christentums vergleichen, wo Schrift (Bibel) und Tradition wegweisende Funktion haben.

Einzelne tradierte Aussprüche, Handlungen und Verhaltensweisen des Propheten werden *Hadith* (Mitteilung, Erzählung, Bericht) genannt. Es sind eine Fülle solcher Hadithe überliefert – die deutsche Übersetzung der Hadithe von Adel Theodor Khoury führt in vier Bänden 5019 Hadithe innerhalb des sunnitischen Islam auf, im fünften Band zusätzlich weitere 445 innerhalb der Schia.

Die Hadithe beinhalten wichtige Themen muslimischen Glaubens wie: Glaube an den einen Gott und religiöse Grundpflichten (vgl. die »Fünf Säulen«, Seite 58), aber auch den Glauben an Auferstehung. Doch finden sich zudem vielerlei konkrete Hinweise darauf, wie die muslimische Gemeinschaft geordnet werden kann: Hinweise zu Ehe und Familie, zur Ordnung der islamischen Gesellschaft, zu einem rechtgeleiteten Leben nach Gottes Willen, zudem zu Sitten und Gebräuchen, die eher kultur- und ortsabhängig sind, zu Eid und Gelübde, zu Essen, Trinken, Kleidung, Medizin und vielem mehr.

Dass nicht allein der Koran, sondern auch die Sunna (die Hadithe) für die muslimische Lebensweise verbindlich sind, führen Muslime auf die Weisungen des Korans selbst zurück. Immer wieder heißt es dort: »Gehorcht Gott und dem Gesandten!« (etwa Sure 3,32). Mohammed wird als letzte Entscheidungsinstanz angesehen – die Hadithe überliefern seine Weisungen.

Bereits wenige Jahre nach Mohammeds Tod wurden solche Hadithe gesammelt. Dabei teilte man ein Hadith in zwei Abschnitte: zum einen den eigentlichen Inhalt *(matn)*, der auf eine Fragestellung, ein Problem antworten soll, zum anderen, dem matn vorangestellt, eine Kette (*isnād* = Stütze) von Personen, die diesen Spruch überliefert haben, im besten Fall bis hin zu Personen im unmittelbaren Umfeld Mohammeds. Durch diese Überlieferungskette wird die Aussage, die Handlung Mohammeds als gesichert angesehen. In der heutigen islamischen Theologie wird den Hadithen je nach der Sicherheit der Überlieferungskette eine unterschiedliche Verbindlichkeit zugesprochen: authentische, schöne, schwache.

Bereits in relativ früher Zeit (Umayyaden-Dynastie in Damaskus, 661–750 n. Chr.) wurden Hadithe in Sammlungen zusammengetragen. Die bedeutendsten dieser Sammlungen sind die der Abbasidenzeit von Abū al-Bukhari (810–870) und Abū Muslim (817–875).

Umma – die muslimische Gemeinschaft

Koran und Hadithe sind die zwei Quellen muslimischer Lebensordnung, hinzu kommt der Blick auf Mohammed, den Propheten und Gesandten Gottes – dies sind die Grundlagen des Islam. Doch gehört auch die Eingliederung in eine völkerübergreifende Gemeinschaft dazu, in die *Umma*, die muslimische Gesellschaft. Im Koran taucht der Begriff *umma* verständlicherweise erst in den medinischen Suren auf, als Mohammed nach seiner Zeit als Prophet in Mekka nun in Medina auch zum Staatsoberhaupt und damit zum Gesetzgeber einer muslimischen Gemeinschaft geworden ist und sich diese muslimische Gesellschaft in den folgenden Jahren stabilisiert. So werden in der sogenannten »Gemeindeordnung von Medina« aus dem Jahr 622 die in der Stadt und in ihrem Umfeld lebenden Muslime, aber auch Menschen muslimischen Glaubens anderer Regionen, als Umma bezeichnet.

Der Begriff *umma* wird im Koran selbst in unterschiedlicher Weite gebraucht: Zum einen sind damit alle Lebewesen gemeint, also neben den Menschen auch die von Gott ebenfalls geschaffenen Tiere – dies ist ein Ansatzpunkt für ein ökologisches Denken im Islam. Zweitens ist damit die Menschheit als Ganzes gemeint, die in einer besonderen Beziehung zu Gott steht und die der Rechtleitung Gottes folgen soll. Die wichtigste Deutung aber, die heute meist im Vordergrund steht, ist, dass sich in der Umma alle diejenigen sammeln, die an den einen und einzigen Gott und an seinen Propheten Mohammed glauben – die Muslime.

Das Verständnis der Umma als religiöse Gemeinschaft wird durch den Koran gestützt. In Sure 3,110 heißt es (an die Muslime gesprochen): »Ihr seid die beste Gemeinschaft, die wurde hervorgebracht den Menschen. Ihr gebietet das, was recht, ihr verbietet, was unrecht, und ihr glaubt an Gott.« Damit sind die beiden wesentlichen Züge islamischen Glaubens ausgedrückt: der unbedingte Glaube an Gott und das Bemühen, seiner Rechtleitung zu folgen.

Man kann die Umma als vom Glauben an Gott geprägte Gesellschaft, als »Theokratie« (Gottesherrschaft) bezeichnen, weil hier in einem hohen Maß Weltgestaltung und Religion verbunden werden (vgl. Seite 115). In einer vergleichbaren Weise galt eine solche Verbindung im christlichen Bereich in der mittelalterlichen Ordnung Mitteleuropas. Der Wille Gottes hat oberste Priorität in allen Fragen der Lebensgestaltung und der gesellschaftlichen Ordnung. In Europa wurde diese Vorstellung vor allem durch die Aufklärung infrage gestellt, der Staat in der Folge säkularisiert. Doch in islamischen Ländern finden sich nur in einigen Gebieten Ansätze einer solchen Säkularisierung und der Trennung des gesellschaftlichen vom religiösen Bereich. In manchen Ländern (etwa der Türkei) gibt es sogar inzwischen eine Reislamisierung der Gesellschaft und ein Zurückdrängen säkularer Vorstellungen (äußerlich sichtbar etwa an der Kopftuchfrage).

Die Umma betont die Einheit (arabisch *tauhid*) der muslimischen Gemeinschaft. Dahinter steht wahrscheinlich ursprünglich der Gedanke, dass Mohammed die sich ständig bekriegenden arabischen Stämme durch die gemeinsame neue Religion des Islam zum ersten Mal zu einer die ganze arabische Halbinsel umfassenden Einheit geführt und damit volksbildend gewirkt hat. Auch die späteren Großreiche (Umayyaden, Abbasiden, Osmanen) waren von diesem Einheitsgedanken geprägt. Noch weiter zurück geht eine theologische Deutung der Umma, die von Adam und Eva her die Einheit des Menschengeschlechts betont und darin die muslimische Gemeinschaft als die Verwirklichung der idealen Gesellschaft, so wie sie von Gott gewollt ist. Dies wird u.a. auch bei dem Hadsch deutlich, der Wallfahrt nach Mekka (vgl. Seite 86), bei der alle Teilnehmer ohne Unterschied von Rasse, Geschlecht und sozialem Stand in gleicher Gewandung die gleichen Rituale vollziehen und so die Gleichheit und Einheit aller Mitglieder der Umma sinnenfällig ausdrücken.

Somit bezieht sich die Umma auch heute nicht allein auf die religiöse Gemeinschaft der Muslime, sondern versteht sich ebenso als politischer und sozialer Begriff – Umma ist die muslimische Gesellschaft, die sich in einzelnen muslimisch beherrschten Staaten konkretisieren kann, die aber darüber hinaus auch die weltumfassende Gemeinschaft der Menschen bezeichnet, die sich einer islamischen Lebensordnung (vgl. Scharia, Seite 119) unterwerfen. Im Rahmen der Befreiungsbewegungen (Ende 19. und erste Hälfte des 20. Jahrhunderts) wurde Umma deshalb mit einem Panislamismus gleichgesetzt. In diesem Zusammenhang gab es auch Versuche bis in die neueste Zeit, ein bisherige Staatsgrenzen übergreifendes islamisches Reich zu schaffen (vgl. etwa 1958 die später gescheiterte Vereinigung von Syrien und Ägypten zur Vereinigten Arabischen Republik).

Mitglied der Umma wird man durch die Geburt bzw. dadurch, dass der Vater eines Neugeborenen dem Kind möglichst bald nach der Geburt das muslimische Glaubensbekenntnis (*Schahāda*, vgl. Seite 62) ins Ohr flüstert. Wenn Nichtmuslime

Muslime in Kamerun

dieses Glaubensbekenntnis vor zwei muslimischen Zeugen glaubwürdig sprechen, treten sie damit dem Islam und der islamischen Umma bei. Aus der Umma kann man umgekehrt nicht wieder austreten, weil dies nach islamischer Sicht ein Glaubensabfall von Gott und zugleich Hochverrat gegenüber dem jeweiligen islamischen Staat bedeutet. Eine Konversion (vgl. Seite 127) von Muslimen zu anderen Religionen ist deshalb grundsätzlich nicht möglich und wird streng bestraft (in manchen Ländern wie Saudi-Arabien und Pakistan mit der Todesstrafe).

Im Zusammenhang mit dem Begriff Umma steht auch das muslimische Verständnis, die Welt in zwei Gebiete aufzuteilen: das »Haus des Islam« *(dār al-islām)* für muslimische Staaten (auch »Haus des Friedens« *[dār as-salām]* genannt) und das »Haus des Krieges« *(dār al-harb)* für Gebiete, in denen Muslime ihren Glauben nicht frei leben können. Heute wird zudem der Begriff »Haus des Vertrages« *(dār as-suhl)* oder »Haus der Sicherheit« *(dār al-aman)* für Länder mit Religionsfreiheit gebraucht (vgl. dazu Seite 117 und den Abschnitt »Krieg und Frieden, Seite 135).

Zusammenfassend lassen sich als Grundlagen des Islam eine Triade mit absteigender Bedeutung angeben: Koran (mit Hadithen), das Buch – Mohammed, der Gesandte – Umma, die Gemeinschaft. Dies entspricht im christlichen Bereich: Jesus als Gottmensch – Bibel – Kirche. Im Buddhismus wäre die Triade von Buddha – Dharma (Lehre und Grundordnung der Welt) – Sangha (buddhistische Gemeinschaft von Mönchen und Laien) zu nennen. Im weiteren Verlauf dieses Buches werden allein unterschiedliche Aspekte der Umma betrachtet – für Koran und Mohammed wird auf die bereits vorliegenden Bände »Koran für Christen« und »Mohammed für Christen« verwiesen.

Geschichte

Der Islam der heutigen Welt kennt viele Gesichter, die abhängig sind von geografischen, kulturellen und wirtschaftlichen Gegebenheiten. Zudem ist die nunmehr mehr als 1400-jährige Geschichte des Islam von Bedeutung: Aus dieser Geschichte ergeben sich die unterschiedlichen Richtungen des Islam – Sunna und Schia sind die beiden bedeutendsten. Aus der Geschichte ergibt sich aber auch trotz des gemeinsamen Fundaments von Koran und der fünf Säulen des Islam (vgl. Seite 58) ein sehr unterschiedliches Erscheinungsbild der jeweiligen muslimischen Gemeinschaft verschiedener Länder, ihrer Kultur, ihrer Feste und Bräuche. In kurzer Form wird im Folgenden auf die Entwicklung des Islam geblickt.

Mekka, Medina, Jerusalem

Der Beginn des Islam ist in besonderer Weise mit den beiden Städten Mekka und Medina verbunden, in einer etwas rätselhaften Weise zudem mit Jerusalem – die drei heiligen Städte prägen bis in die Gegenwart das Bewusstsein des Islam. Mekka und Medina sind heute im Staat Saudi-Arabien, der sich als Schutzmacht dieser Ursprungsorte des Islam versteht und auch den Hadsch nach Mekka organisiert. Im Einzelnen:

Mekka: Für Muslime in aller Welt ist Mekka die »Mutter aller Städte«, weil hier Mohammed geboren wurde, in der Nähe

Al-Haram-Moschee mit Kaaba, Mekka, Saudi-Arabien

dieser Stadt die ersten Suren des Korans empfing und in Mekka zuerst seine Verkündigung des einen und einzigen Gottes begann. Mekka ist die Stadt der Kaaba, des muslimischen Heiligtums, welches das Zentrum der Hadsch (vgl. Seite 86) ist und für Muslime die spirituelle Mitte ihrer Religion. Die Kaaba (arabisch *al-ka'ba* = der Würfel) war bereits vor Mohammed eine heilige Stätte, Mekka nicht nur Handels- sondern auch Pilgerort. Die Kaaba (ca. 11 x 12 x 13 m) befindet sich heute unter freiem Himmel inmitten einer riesigen Moschee, die ständig erweitert wird und zur Zeit des Hadsch bis zu zwei Millionen Pilger aufnehmen kann. Die Kaaba ist mit einem schwarzen Tuch verhüllt – das Heilige ist verborgen. Muslime verstehen die Kaaba nicht als Haus Gottes, vielmehr verdichtet sich die Erfahrung Gottes hier in diesem (leeren) Gebäude, das die Pilger umkreisen. Die Kaaba ist die Mitte der Welt und steht symbolisch für die Einheit Gottes. Durch das Umkreisen der Kaaba machen die Pilger diese Mitte – Gott selbst – zur

Mitte ihres eigenen Lebens. Mekka ist der Ort, an welchem sich die Gläubigen in besonderer Weise mit Gott verbinden.

Medina: Die etwa 400 km nördlich von Mekka liegende Stadt ist heute das zweite große Pilgerziel der Muslime, viele reisen nach dem Hadsch auch nach Medina weiter, obwohl dies vom Ritual des Hadsch nicht vorgeschrieben ist. Doch Medina ist der Ort, an dem die muslimische Gemeinschaft, die Umma, zuerst zusammenfand und sich Regeln des Zusammenlebens gab (622 Gemeindeordnung von Medina). In Medina, im Hof des kleinen Wohnhauses von Mohammed, bestand auch die erste Moschee, in welcher der Prophet neue Offenbarungen verkündete und die neuen Suren des Korans in Predigten auslegte. Heute ist diese Moschee riesig ausgebaut und kann mit Vorplätzen bis zu 500 000 Pilger aufnehmen. In dieser Prophetenmoschee befindet sich auch das schlichte Grab Mohammeds.

Jerusalem: In ganz anderer Weise zählt Jerusalem zu den heiligen Städten des Islam. Der Name der Stadt ist im Koran zwar nicht erwähnt, in Sure 17,1 wird aber eine Nachtreise Mohammeds von der nahen »Niederwerfungsstätte« (Mekka) zur »Fernen Nieder-

Prophetenmoschee, Medina, Saudi-Arabien

werfungsstätte« erwähnt – diese wird in der islamischen Tradition meist mit Jerusalem verbunden. Hinzu kommt eine zweite Tradition, die mit Jerusalem verbunden wird: Auf seinem Pferd Buraq und geleitet vom Engel Gabriel stieg Mohammed in einer Nacht in den Himmel auf, sprach mit früheren Propheten wie Ibrāhīm (Abraham), Īsā (Jesus) und kehrte wieder auf die Erde zurück nach Jerusalem und Mekka. Ebenso wird eine Höllenfahrt des Mohammed erzählt. Beide Erzählungen werden mit dem Tempelberg in Jerusalem verknüpft; ein heute im Felsendom (gebaut 687–691 durch den Kalifen Abd al-Malik anstelle des bis 70 n. Chr. dort existierenden jüdischen Tempels) befindlicher Fels ist der Ausgangspunkt dieser Himmelsreise. Neben dem Felsendom mit seiner goldenen Kuppel liegt heute die Al-Aqsa-Moschee mit silberner Kuppel; sie ist nach der Al-Haram-Moschee in Mekka mit der Kaaba und der Prophetenmoschee in Medina die drittwichtigste Moschee im Islam.

Die vier rechtgeleiteten Kalifen

Mohammed hatte zeit seines Lebens keinen Nachfolger ernannt – in seiner Aufgabe als Prophet und Offenbarungsempfänger wäre dies auch nicht möglich gewesen. Aber als Staatsoberhaupt des islamischen Staates, der bei seinem Tod die ganze arabische Halbinsel umfasste und in dem die bislang sich ständig bekriegenden Stämme geeint waren, und als Gesetzgeber, Richter und Heerführer brauchte er einen Nachfolger. Somit gab es unmittelbar nach seinem Tod im Jahr 632 erhebliche Diskussionen um die Nachfolge, vor allem um die Frage, ob es ein Mitglied der Familie Mohammeds sein müsste (eine dynastische Folge) oder einer der vielen engagierten

Muslime aus Mekka oder Medina. In einer turbulenten und nicht einstimmigen Wahl wurde *Abū Bakr* zum Nachfolger Mohammeds als Anführer der Muslime gewählt. Man nannte ihn *Kalif* (arabisch *chalīfa* = Nachfolger, Statthalter). Es folgte von 632 bis 661 die Zeit der vier »Rechtgeleiteten Kalifen«, welche für die Entwicklung und Ausbreitung des Islam von höchster Bedeutung wurde. Diese Kalifatszeit wurde von der Umayyaden-Dynastie (661–750, vgl. Seite 48) abgelöst.

Abū Bakr (573–634): Er war etwa gleichalt mit Mohammed und einer der ersten Anhänger des Islam in Mekka. Aus dem unbedeutenden Clan Taim stammend hatte er dennoch wegen seines Reichtums großen Einfluss zuerst in Mekka, nach der Hidschra im Jahr 622 nach Medina auch dort. Während der Lebenszeit Mohammeds vertrat er den Propheten oft bei der Leitung der täglichen Gebete. Er wurde durch die Heirat seiner Tochter Aischa mit Mohammed zu dessen Schwiegervater; Aischa wurde zur Lieblingsfrau des Propheten. In seiner kurzen Regierungszeit von 632–634 führte er die von Mohammed begonnene Einigung der arabischen Stämme fort und eroberte auch Gebiete nördlich Arabiens bis zum syrischen Bosra. Abū Bakr wurde neben Mohammed in der Prophetenmoschee in Medina begraben.

Umar ibn al-Chattab (592–644): Umar stammte aus dem Stamm der Quraisch wie Mohammed, war aber zuerst strikter Gegner des Islam in Mekka; erst 616 ließ er sich bekehren. Seine Kalifatszeit (634–644) wird mit der schnellen Expansion des islamischen Reiches in Verbindung gebracht, in rascher Folge wird der Vordere Orient erobert: 634 Palästina (635 Jerusalem), 636 Syrien und Irak, 639 Ägypten, 642 Libyen, 642 Persien. Umar legte im Jahr 638 eine neue – islamische – Zeitrechnung fest, die mit der Hidschra 622 beginnt, der Auswanderung der Muslime von Mekka nach Medina. Umar wurde 644 von einem persischen Sklaven ermordet.

Uthmān ibn 'Affān (574–656): Uthmān, ein reicher Tuchhändler, war einer der frühesten Gefährten Mohammeds und konvertierte bereits im Jahr 611 zum Islam. Er setzt die Expansion des Islam fort: 645 Georgien, 649 Zypern, 652 Armenien, dann Flottenbau und Beherrschung des östlichen Mittelmeerraumes gegen Byzanz, 652 Oberägypten und Nubien. 638–650 Besetzung von Persien mit der Hauptstadt Persepolis, 651 das Gebiet Chorasan (heute Turkmenistan und Teile von Usbekistan und Afghanistan). Uthmān ließ den Wortlaut des Korans endgültig festlegen, damit sind die koranischen Suren bereits wenige Jahre nach ihrer Offenbarung schriftlich fixiert und weithin in die heute tradierte Fassung gebracht – ein im Vergleich zu den biblischen Schriften oder gar den Reden des Buddha ausgesprochen kurzer Überlieferungsprozess bis zur Verschriftlichung. Uthmān wurde 656 von Rebellen ermordet. Sein Nachfolger wurde der in den Mord verwickelte Alī.

Alī ibn Abī Tālib (600–661): Alī (Kalifenzeit 656–661) gehörte zur unmittelbaren Familie Mohammeds, denn seine Frau Fatima war das einzige überlebende Kind Mohammeds aus seiner ersten Ehe mit Chadīdscha, er selbst stammt wie Mohammed aus dem Stamm der Quraisch. Für die Rebellen gegen Uthmān galt Alī als der vierte Kalif, doch er wurde nicht allgemein anerkannt. Im weiteren Verlauf blutiger Auseinandersetzungen um die Nachfolge des Propheten bezeichnete ihn eine Gruppe als den ersten richtigen Kalifen, weil für das Kalifat eine Zugehörigkeit zur Familie Mohammeds vorauszusetzen sei, dies aber bei Abū Bakr, Umar und Uthmān nicht der Fall gewesen sei. Dies wurde die Grundlage für die nach Alīs Tod erfolgte Trennung zwischen Sunna und Schia (vgl. Seite 46). Besonders der Gouverneur von Syrien, *Mu'āwiya*, verweigerte Alī die Gefolgschaft und führte die Opposition an. 661 wurde Alī durch ein Mitglied der extremen Sekte der Charadschiten ermordet; seine Grabmoschee befindet sich im irakischen Nadschaf. Nach weiteren Kämpfen übernahm Mu'āwiya die Macht und gründete in Damaskus die Umayyaden-Dynastie. Alī wird innerhalb des schiitischen Islam hoch verehrt und Mohammed gleichgestellt – er gilt in der Schia als erster *Imām* (= Vorbild, Anführer). Auch in der Sunna kann ein geistlicher Führer mit Imam bezeichnet werden, meist ist aber in der Sunna mit dem Imam der Vorbeter beim gemeinsamen Gebet gemeint.

Ein islamisches Reich

Die Entstehung eines Reiches, das von zwei arabischen Stämmen in Medina ausgehend (die drei jüdischen dort wurden vertrieben) über eine Einigung aller Stämme der arabischen Halbinsel bis zu einem Großreich führte, das Nordafrika, den Vorderen Orient und Zentralasien umfasste – und dies innerhalb weniger Jahre –, ist erstaunlich und kann weltgeschichtlich nur mit der schnellen Eroberung des mongolischen Reiches im 13. Jahrhundert verglichen werden. Wie konnte eine neue Religion solche Kraft entwickeln, dass sie geradezu explosionsartig ein Großreich zusammenbrachte, das sich zeitweise von Arabien aus bis nach Südfrankreich ausbreiten konnte? Was war das Faszinierende an dieser Bewegung?

Man kann beim Aufstieg des Stadtstaates Medina zum Weltreich zwei verschiedene Phasen unterscheiden:

- Zum einen ist dies die Einigung der arabischen Stämme, die noch weithin während der Lebenszeit Mohammeds geschah und die zum ersten Mal in der arabischen Geschichte die sich bislang ständig bekriegenden Stämme zusammenführte. Hier kann die Bedeutung der neuen monotheistischen Religion, welche die unterschiedlichsten polytheistischen arabischen Kulte und Riten ablöste, nicht hoch genug eingeschätzt werden. Diese Einigung wurde natürlich politisch und auch militärisch vollzogen, oft zudem durch dynastische Heiraten Mohammeds mit Töchtern anderer Stammesführer. Doch übte der klare Ein-Gott-Glaube des Islam – und dies durch den Koran in arabischer Sprache – eine hohe Faszination auf viele Araber aus; die christliche Verkündigung, zudem in Griechisch, in diesem abseits der Zentren des byzantinischen Reiches (Konstantinopel, Alexandria, Antiochia) liegenden Gebietes konnte nur an wenigen Orten Fuß fassen; eine jüdische Missionierung gab es per se nicht, nur wenige arabische Stämme wie die in Medina waren jüdischen Glaubens.

- Die Ausbreitung des islamischen Reiches nach dem Tod Mohammeds über Arabien hinaus war aber wesentlich dadurch bedingt, dass die beiden früheren Großreiche Byzanz und das sassanidisches Persien durch jahrzehntelangen Kampf gegeneinander ausgelaugt waren und die islamischen Truppen in ein Machtvakuum im Vorderen Orient und in Nordafrika stießen. Dem sassanidischen Reich gaben sie den Todesstoß, das byzantinische musste sich nach Kleinasien zurückziehen.

Diese Eroberung wurde von einer vorsichtigen Missionierung begleitet: Die nichtarabischen Völker wurden nicht zwangsweise zum Islam konvertiert, sondern konnten ihre Religionen unter nun muslimischen Herrschern weiterhin ausüben. Auf längere Sicht hingegen ergab sich durch höhere Besteuerung der Nichtmuslime ein Druck zur Konversion, zumal der Schritt von den beiden monotheistischen Religionen Christentum und Judentum zum Islam für wenig gebildete Bewohner dieser Gebiete sowieso nicht sehr groß war. Von außen drohte diesem neuen Großreich keine Gefahr, wohl aber durch Streitereien im Inneren.

Die Trennung von Sunna und Schia

Die Zeit der vier rechtgeleiteten Kalifen endete mit der Ermordung Alīs im Jahr 661 und der dann folgenden Trennung der muslimischen Umma in Sunniten und Schiiten. Dabei allerdings waren – anders als etwa bei der christlichen Reformation und der Trennung von Katholiken und Protestanten – keine unterschiedlichen Vorstellungen des Glaubens maßgeblich, sondern allein die Frage der Nachfolge Mohammeds als Statthalter (Kalif) der islamischen Gesellschaft nach dessen Tod. Während die eine, größere Gruppe davon ausging, dass die Wahlen von Abū Bakr, Umar und Uthmān gültig waren, bestand die kleinere Gruppierung darauf, dass allein ein aus der Familie Mohammeds stammender Führer zum Kalifen bestimmt werden könne – diese verstanden somit Alī ibn Abū Tālib, den Schwiegersohn Mohammeds, als den ersten rechtmäßigen Kalifen; die Wahlen der ersten drei erkannten sie nicht an. Diese Partei Alīs (arabisch *asch-schīʽa*) bildete in der Folge in den Auseinandersetzungen nach Alīs Tod den Grundstock der sich bildenden Schia vor allem im Osten des neuen arabischen Großreiches (heutiger Irak und Iran).

Die wesentlichen Punkte islamischen Glaubensbekenntnisses sind bei beiden Konfessionen, der Sunna und der Schia, gleich: Glaube an Gott, Glaube an Engel, Verehrung des Gesandten Mohammeds, Verehrung des Korans, Glaube an die Auferstehung. Die Sunna fügt anders als die Schia manchmal noch die Vorherbestimmung des Lebensschicksals durch Gott hinzu, aber das ist zweitrangig.

Wohl aber besteht die Schia auf einer besonderen Bedeutung Alīs. Dies wird u.a. dadurch sichtbar, dass die *Schahāda*, die Kurzformel islamischen Glaubens (vgl. Seite 58), ergänzt wurde. In der Sunna heißt es: »Es gibt keinen Gott außer dem einzigen Gott; Mohammed ist der Gesandte Gottes.« Die Schia fügt hinzu: »Und Alī ist der Freund Gottes.«

Die Bedeutung einer Zugehörigkeit zu Mohammeds Familie wurde nach Alī fortgeführt. Daraus ergab sich in der Schia eine Betonung der Imame. Diese gelten – und damit sind sie Mohammed nicht nur in seinem politischen und gesellschaftlichen Amt vergleichbar, sondern auch in seinem religiösen – als unfehlbar und sündenlos. In der größten heute bestehenden Gruppierung der Schia (vgl. Seite 55) werden zwölf Imame genannt, der zwölfte, der Imam Mahdi soll im 9. Jahrhundert in die »Verborgenheit« gegangen sein und als messianische Gestalt am Ende der Zeiten zurückkehren (darin vergleichbar dem wiederkehrenden Christus, dem letzten Avatar Vishnus, Kalki, oder dem Buddha Maitreya). Meist wird unter dem Begriff Schia diese Richtung der Zwölferschia (zwölf Imame) verstanden, doch gibt es eine Reihe weiterer Gruppierungen mit ähnlicher Ausrichtung.

Der schiitische Islam ist vor allem geprägt durch die anhaltende Feindschaft zur sunnitischen Richtung. Weil Schiiten in den häufig blutigen Auseinandersetzungen mit der Sunna unterlegen waren (etwa Schlacht von Kerbala 680 mit dem Tod des dritten Imams Husain), hat sich eine Märtyrer- und Opferhaltung unter Schiiten ausgeprägt, die bis heute politische Auswirkungen hat.

1400 Jahre islamische Geschichte

Mit dem Tod Alīs beginnt eine neue Epoche islamischer Geschichte: Nicht länger herrschen gewählte Kalifen von Medi-

Umayyadenmoschee, Damaskus, Syrien

na aus das Großreich bzw. Alī vom mesopotamischen Kufa, sondern es entwickelt sich die erste Dynastie des Islam, die *Umayyaden*. Diese waren ursprünglich ein einflussreicher Clan innerhalb des mekkanischen Stammes der Quraisch. *Mu'āwiya* (603 Mekka – 680 Damaskus) wurde 639 zum islamischen Gouverneur der kurz zuvor eroberten Stadt Damaskus bestimmt. Dort baute er seine Macht aus. Bereits nach dem gewaltsamen Tod von Uthmān wollten ihn seine Anhänger zum Kalifen bestimmen; nach Alīs Tod und der Bestimmung von dessen Sohn Hasan ibn Alī zum zweiten Imam zog Mu'āwiya in den Krieg gegen Hasan und konnte dessen Abdankung erreichen; Hasan wurde kurz darauf vergiftet. Mu'āwiya verlegte die Hauptstadt des Reiches nach Damaskus und gründete eine Dynastie, indem er seinen Sohn Yazīd I. als Nachfolger bestimmte. Medina verlor jede politische Bedeutung und blieb allein die Stadt der Prophetenmoschee und des Grabes von Mohammed und Abū Bakr.

Yazīd zog 680, im Jahr von Muʿāwiyas Tod und seiner eigenen Thronbesteigung, nach Mesopotamien und besiegte in der Schlacht von Kerbala Alīs zweiten Sohn Husain – schiitische Muslime bezeichnen das als die Schicksalsschlacht ihres Glaubens; die Schiat Alī trennte sich von der sunnitischen, durch die Umayyaden vertretenen Richtung.

Muʿāwiya setzte die Expansion des Islam fort: Der Westen Nordafrikas (Maghreb) wurde unterworfen, dies war die Voraussetzung der berberischen Invasion 711 in Andalusien. Die Eroberung Konstantinopels scheiterte jedoch. Unter Muʿāwiyas Nachfolgern wurde fast ganz Spanien erobert (mit Ausnahme von Santiago de Compostella); erst in Frankreich kam der Eroberungszug der Muslime zum Stillstand (Schlacht von Tours und Poitiers 732) – Karl Martell, Großvater von Karl dem Großen, drängte die Muslime zurück.

Ab dem Beginn des 8. Jahrhunderts entstand im Osten des Reiches eine neue Gruppierung, die ihre Abstammung auf einen Onkel Mohammeds, *Abū al-Abbās ibn Abd al-Muttalib*, zurückführte und die sich deshalb *Abbasiden* nannten. Infolge der Nachfolgestreitigkeiten unter den Umayyaden konnten sich die Abbasiden 750 durchsetzen, die Umayyaden-Familie töten und die Hauptstadt des Reiches nach Osten, in die 762 neu gegründete Stadt Bagdad, verlegen. Nur ein umayyadischer Prinz floh nach Andalusien; er gründete dort als Abd ar-Rahmān I. (»Diener der Barmherzigkeit«) das Emirat von Cordoba, das bis 1031 Bestand hatte.

Die Dynastie der Umayyaden unterscheidet sich von den vorangegangenen vier rechtgeleiteten Kalifen:

- Zum einen wird eine dynastische Abfolge eingeführt: Es gibt nun eine Herrscherfamilie, aus der allein ein neuer Herrscher in dynastischer Folge bestimmt wird.
- Zum anderen zeigen sich die Umayyaden durch prachtvolle Bauwerke als machtvolle Herrscher, die Architektur

und Kunst geschickt zur Stärkung ihrer Macht einsetzen. Hier liegt der Ursprung einer explizit islamischen Kunst. Das zeigt sich in den großen Moscheen (etwa Damaskus, Aleppo ...), im Felsendom in Jerusalem (Baubeginn 687, vgl. Seite 40), das älteste weithin unveränderte Bauwerk islamischer Architektur, ebenso wie in weltlichen Bauten. Das umayyadischen Wüstenschloss Qusair Amra östlich von Amman etwa ist reich geschmückt mit Fresken und Mosaiken, die weltliche Themen zeigen auch Tiere und Menschen, sogar Badeszenen in antiker Freizügigkeit – das islamische Bilderverbot wurde erst später durchgesetzt (vgl. Seite 148).

Aus der Aufstandsbewegung gegen die Umayyaden entstand die konservative neue Richtung der Abbasiden: Gegen weltliche Herrschaft und Verschwendungssucht der Umayyaden muss wieder die vollständige Unterwerfung der Gesellschaft unter die Herrschaft Gottes durchgesetzt werden. Der Gründer der Dynastie, *Abū al-Abbās*, starb bereits 754, sein Bruder *Abū Dscha'far al-Mansūr* (Regierungszeit 754–775) wurde zum ersten großen Herrscher der Abbasiden. Seine beiden Nachfolger *al-Madhī* (775–786) und *Hārūn al-Raschīd* (786-809) standen ihm an Bedeutung nicht nach. Besonders unter Hārūn (= Aaron) erreichte das Reich seinen politischen, wirtschaftlichen und kulturellen Höhepunkt, gespiegelt etwa in den Erzählungen von *Tausendundeiner Nacht*.

Die Zeit der Abbasiden war nach den Umayyaden eine zweite kulturelle Blütezeit des Islam: Muslime waren gegenüber europäischen Ländern führend in Mathematik, Medizin und Naturwissenschaft. Bagdad wurde zum geistige Zentrum der Welt – von Andalusien bis Indien, von Zentralasien bis Sansibar.

Doch in der Spätzeit der Abbasiden (11.–13. Jahrhundert) folgte eine Zersplitterung des Reiches in regionale Reiche und neue Volksgruppen – unter ihnen sind ab 1077 die türkischen Seldschuken, die als erstes Turkvolk aus dem Altai-Gebiet nach Westen gezogen waren und denen später die Osmanen (ab 14. Jahrhundert) folgten. In die Zeit der Abbasiden fielen die Kreuzzüge und die Kreuzfahrerstaaten im palästinensischen und syrischen Raum (1096–1270).

Im 13. Jahrhundert begann durch die Mongolen eine neue Zeit: Dschingis Khan (1162–1227) und seine Söhne bzw. Enkel eroberten in überraschend schneller Weise ausgehend vom Altai-Gebirge ganz Asien und drangen sogar bis nach Ungarn und Polen vor. 1258 zerstörte der Mongolenherrscher Hülegü Bagdad, die Abbasidenherrschaft war beendet. Die Mongolen selbst waren zu dieser Zeit noch keine Muslime, aber ab 1300 konvertierten sie aufgrund einer Anpassung an die von ihnen eroberten muslimischen Länder zum Islam.

Die Mongolen erreichten nicht das Mittelmeer und Ägypten. Dort herrschten von 1171 bis 1252 die *Ayyubiden*, deren bedeutendster Herrscher der legendäre *Saladin* (Regierungszeit 1171–1193) war. Doch 1247 übernahmen die *Mamelucken* die Macht, ursprünglich Militärsklaven, die im Osten auch zu Herrschern des Sultanats von Delhi (1206–1526) wurden. 1260 schlugen die Mamelucken die Mongolen; Baibars (Sultan von 1260 bis 1277) wurde zum ersten bedeutenden Mameluckenherrscher Ägyptens.

Parallel dazu entstand in Kleinasien und im Vorderen Orient das Reich der Osmanen (1299–1924). Diese waren zuerst eine kleine Volksgruppe unter den Seldschuken (Sultanat von Konya), doch setzten sie sich durch und übernahmen das rum-seldschukische Gebiet. Das osmanische Reich expandierte, seit 1357 gab es Gebiete auch auf europäischem Boden, 1453 wurde das christlich-byzantinische Reich endgültig zerstört, Konstantinopel durch Sultan Mehmed der Eroberer eingenommen – seit dem 19. Jahrhundert offiziell Istanbul genannt. Die osmanische Eroberung ging weiter: 1514 Irak, 1517 Ägypten, zudem weite Teile des Balkans (1529 bis vor Wien, 1683 ein zweites Mal). Das 16. Jahrhundert zählt als das Goldene Zeitalter der Osmanen, unter Süleyman I. (Salomo), dem Prächtigen 1520–1566), ist der Höhepunkt osmanischer Macht erreicht. Ab dem 17. Jahrhundert folgt eine Schwächung des Reiches, ein Rückzug aus Teilen des Balkans. Im 19. Jahrhundert zerbricht das Reich: 1832 erobern die Franzosen den Maghreb, 1882 die Engländer Ägypten; das osmanische Reich wird zum »kranken Mann am Bosporus. Nach dem Ersten Weltkrieg endet die Herrschaft der Osmanen; General Mustafa Kemal, genannt Atatürk, »Vater der Türken«, ruft 1923 die Republik aus und schafft 1924 das Kalifat ab.

Zur islamischen Geschichte der Neuzeit können nur einige Stichworte aufgeführt werden: Die arabischen Staaten, vor allem Saudi-Arabien (gegründet 1932), erlangen durch Öl und Gas Reichtum und nehmen Einfluss auf den Islam in vielen Ländern. Dabei wird ein strenger Islam gefördert: der Wahhabismus, der auf Muhammad ibn Abd al-Wahhāb (1702–1792) zurückgeht, sich als reine Form des Islam versteht und jede kulturelle Anpassung des Islam an andere Völker ablehnt. Umgekehrt gibt es in manchen islamischen Ländern einen mehr säkularen Islam, etwa in Zentralasien, zudem mit regionalen Besonderheiten (Westafrika, Südostasien). Die Schia erlebt 1979 durch Ajatollah Chomeini in Iran eine Neubelebung, die zu einem theokratischen Staat führt. »Befreiungskriege« gegen westliche Mächte bzw. Vorherrschaft (Palästina, Afghanistan, Irak, Philippinen ...) erzeugen Konflikte; eine Radikalisierung islamistischer Gruppierungen (Al-Qaida, Taliban, IS) schafft ein Gewaltpotenzial, unter dem zuerst die muslimische Bevölkerung mehrerer Länder leidet, aber durch Attentate auch die Bevölkerung westlicher Länder. Durch Migration und Flucht (etwa aus dem syrischen Bürgerkrieg) gelangen Muslime nach

Europa und Amerika und begegnen dort einer anderen Kultur und Gesellschaftsform; Ansätze eines europäischen Islam entstehen, sind aber umstritten. Der Islam weltweit zeigt immer mehr ein sehr vielfältiges Gesicht und muss deshalb auch differenziert betrachtet werden. Die Gewalt einzelner, zudem kleiner Gruppen ist keineswegs der Hauptstrom der islamischen Umma, auch wenn es im öffentlichen Bild und in der Berichterstattung der Medien manchmal so scheint.

Richtungen des Islam heute

Auf die Trennung von Sunna und Schia wurde bereits hingewiesen (vgl. Seite 46). Doch muss ein genauerer Blick auf die unterschiedlichen Richtungen des Islam geworfen werden, die miteinander die vielen Gesichter des Islam in der heutigen Welt bilden. Dabei gibt es im Islam nur bedingt Richtungen, die sich wie christliche Konfessionen unterscheiden, weil sich alle Richtungen des Islam in den Grundlagen ihres Glaubens einig sind. Auch ist der Vergleich mit den drei Hauptformen des Buddhismus (Theravada, Mahayana, Vajrayana) als unterschiedliche theologische Ausprägungen nicht hilfreich.

Der Islam kennt allerdings unterschiedliche *theologische Schulen*, die sich in der Auslegung des einen muslimischen Glaubens unterscheiden, ferner unterschiedliche *Rechtsschulen*, die sich mehr dem praktischen religiösen Leben der Muslime und der Rechtsprechung widmen, und unterschiedliche *Richtungen*, vor allem Sunna und Schia; dabei hat vor allem die Schia viele Untergliederungen.

- Die *theologischen Schulen* führen keine konfessionelle Trennung herbei, sondern gehen bei der Behandlung des muslimischen Glaubensbekenntnisses unterschiedliche

Wege der Auslegung – dies sind meistens Themen für Gelehrte, die sich auf den Volksglauben wenig auswirken. Die *Mutaziliten* etwa entwickelten Methoden des theologischen Streitgespräches, bei denen Rationalität betont wurde und ähneln damit der christlichen Scholastik. Die *Ascharіten* betonen dagegen die Allmacht und das Allwissen Gottes, das menschliches Wissen übersteigt. Die *Maturiditen* betonen die Transzendenz Gottes, alle anthropomorphen (menschenähnlichen) Aussagen über Gott sind verwerflich. Dennoch kann jeder Mensch Gott erkennen. Die auch im Westen bekannten *Salafisten* (vgl. Seite 109) sind ultrakonservativ und berufen sich auf die ersten drei Generationen von Muslimen (*salaf* = Altvordere). Sie betonen die Bedeutung der Hadithe (vgl. Seite 31) und lehnen rationale Auslegungsmethoden wie den Analogieschluss ab. Sie stehen der Rechtsschule der Hanbaliten nahe.

- Die *Rechtsschulen (madhhab)* beschäftigen sich weniger mit unmittelbar theologischen Fragen als mit Rechtsnormen und Folgerungen für die muslimische Praxis (etwa mit der Frage der Festlegung der Gebetszeiten). Im Laufe der ersten Jahrhundert haben sich in der Sunna vier Rechtsschulen an unterschiedlichen Orten herausgebildet, die Schia fügt zwei weitere hinzu: In Medina gründete Mālik ibn Anas (711–795) die streng konservative Schule der *Malikiten*, die von der religiösen Praxis der Prophetenstadt bestimmt ist und heute vor allem in Nord- und Westafrika vorrangig ist. Die Schule der *Hanafiten* entstand im Gebiet des heutigen Irak und geht auf Abū Hanīfa (699–767) zurück; sie ist die verbreitetste Rechtsschule der Sunna (besonders in Ägypten, Vorderer Orient mit Türkei, Zentralasien und Südasien). Nicht nur die überlieferte Tradition ist dieser Rechtsschule wichtig, sondern auch das Urteilsvermögen eines Richters, der damit größere Freiheit besitzt.

Die *Schāfiiten*, gegründet von Muhammad ibn Idrīs asch-Schāfi'ī (767–820), vereinheitlichen die Rechtsprechung der anderen Schulen und versuchen, einen Mittelweg zu gehen. Schāfiiten finden sich vor allem in Südostasien, Ostafrika, aber auch Palästina und Jordanien. Die *Hanbaliten*, von Ahmad ibn Hanbal (780–855) gegründet, ähnelt in ihrer streng konservativen Ausrichtung den Hanafiten; dies ist die Rechtsschule von Saudi-Arabien.

Zusätzlich zu diesen unterschiedlichen theologischen und Rechtsschulen hat die Trennung von Sunna und Schia eine Reihe von Untergruppierungen ergeben, die bis heute sehr verschiedene Richtungen des Islam ausmachen:

- Bereits nach der Ermordung des dritten Kalifen Uthman entstand die Oppositionsgruppe der *Charidschiten* (»die Ausziehenden, Abgesonderten«), aus deren Mitte auch der Mörder Alīs stammte. Die Charidschiten betonen die unbedingte Gleichheit aller Muslime, deshalb muss ein Kalif nicht aus der Familie des Mohammed stammen. Heute finden sich Nachfolger dieser Richtung bei den *Ibaditen* im Oman.

Die nach der Ermordung Alīs entstandene *Schiat Alī* (Partei Alīs) gliedert sich in mehrere Untergruppen:

- Die größte ist die der *Zwölferschia* (vgl. Seite 46), die von zwölf Imamen ausgeht; der letzte aber lebt im Verborgenen und wird erst am Ende der Zeiten wiederkehren. Die Zwölferschia ist vor allem in Iran und im südlichen Irak, aber auch als Minderheit in anderen Ländern des Vorderen Orients vertreten (etwa Syrien, Libanon).
- Die *Ismailiten* (auch Siebener-Schia, zweitgrößte Untergruppe der Schia) geht durch eine andere Zählung nur von sieben Imamen aus. Sie ist in weitere Untergruppen gegliedert, etwa in die *Nizariten* mit dem Agha Khan als Oberhaupt, und findet sich besonders in Afghanistan,

Nordpakistan (Hunza-Land) und anderen Gebieten Zentralasiens. Aber auch die ägyptischen *Fatimiden* des 10. bis 12. Jahrhunderts waren Ismailiten.

- Im Jemen gibt es die *Zaiditen* (irreführend auch Fünfer-Schia genannt, doch ist die Zahl der Imame bei ihnen nicht begrenzt). Sie haben eine eigene Rechtsschule.
- Die *Aleviten* (»Anhänger Alīs«), vor allem in der Türkei und weiteren Gebieten des Osmanischen Reiches, gehören wegen ihrer Verehrung der Imame auch zur Schia, haben aber sehr eigene Vorstellungen ausgeprägt, sodass sie sich selbst meist als eigenständige Richtung des Islam verstehen.
- Die *Alawiten* (auch Nusairier) sind eine kleine esoterische Sondergruppe in Syrien (dort bilden sie die Regierung), die von Geheimlehren (etwa Reinkarnation) geprägt ist.

Eine besondere Spiritualität hat der *Sufismus* (*suf* = Schurwolle [wollene Gewänder der Sufis] oder *safa* = rein [Reinigung

Schiitisches Fatima-Mausoleum, Ghom, Iran

von Unglauben]) herausgebildet, eine asketische und mystische Randgruppe des Islam (vgl. Seite 99). Sufis bemühen sich durch unterschiedliche Formen der Meditation, aber auch durch Tanz und Musik (wie in Konya), Gott nahezukommen. Dazu ist es nötig, das Ego auszulöschen, damit Raum für Größeres frei wird. Höchstes Ziel ist die Auflösung des Ichs in Gott selbst, eine Liebe des Liebenden (Sufi) zum Geliebten (Gott). Für Sufis ist die Unterscheidung in Sunna und Schia unwichtig.

Eine weitere Sondergruppe ist die indisch-sunnitische *Ahmadiyya*, 1880 von Mirza Ghulam Ahmad gegründet. Ahmad bezeichnete sich als Mahdi, als der in einigen islamischen Gruppen verkündete Nachkomme Mohammeds, der die Endzeit einleitet. Die Ahmadiyya versteht sich als Reformgruppe, wird aber von den meisten Muslimen als unislamisch angesehen und verfolgt.

Als Letztes sollen drei Religionen aufgeführt werden, die im Zusammenhang mit dem Islam entstanden sind:

- Das *Drusentum* ist im 11. Jahrhundert eine Abspaltung der ismailitischen Schia besonders in Syrien und Libanon.
- Der *Sikhismus* ist eine monotheistische Religion mit vielen Elementen des Hinduismus, von Guru Nanak (1469–1539) in Indien gegründet.
- Aus der Schia Irans entstand im 19. Jahrhundert die Religion der *Bahai* (Stifter Bahā'ullāh, 1817–1892), eine monotheistische Universalreligion.

Die fünf Säulen

Die Grundlagen des Islam sind in erster Linie der Koran (»Gottes Wort wird Buch«), der Prophet Mohammed, die Tradition der Hadithe und schließlich die Eingliederung in die muslimische Gemeinschaft, die Umma, mit ihren Anforderungen, ihren Ritualen und ihrem Brauchtum. Gleichsam als Überschrift über den Glauben des Islam und das Leben der Muslime steht dabei das Bekenntnis zu Gott, dem Barmherzigen, dem Erbarmer. Jede Sure (außer Sure 9) beginnt im Einleitungsvers mit dem Bekenntnis zum Allerbarmer (*basmala* – Anrufungsformel). Dieses Bekenntnis ist gleichsam die Überschrift des Islam, wird aber in der Folge in eine fünffache Praxis ausgeweitet – in die fünf Säulen des Islam: Glaubensbekenntnis, Gebet, Fasten, Abgabe, Wallfahrt.

Islam – Hingabe an Gott, den Erbarmer

Mit der Basmala, der »Überschrift« über alle Suren und damit über den Koran insgesamt, ist bereits eine Leitlinie angegeben, der sich die unterschiedlichsten Themen des Korans unterordnen. Im Bekenntnis zum erbarmenden Gott ist gleichsam eine Grundmelodie vorgegeben, eine Art des »Basso continuo« wie in der Barockmusik, die ein Schlüssel zum Verständnis islamischen Glaubens ist. Wie Judentum und Christentum in den Schriften der Bibel, so kennt auch der Islam im Koran ein sehr differenziertes Gottesbild, unterschiedlichste Facetten einer Gottesvorstellung, die nicht einfachhin zu harmonisieren sind, wohl aber wie ein Mosaik bunter Steine die verschiedensten Erfahrungen von Menschen wiedergeben, die sie mit Gott gemacht haben. Dieses »Gottesmosaik« hat gleichsam einen Golduntergrund, auf dem die andersfarbigen Steine angeordnet sind. Übertragen gesagt: Die vielen Gottesvorstellungen in den heiligen Büchern der abrahamitischen Religionen werden überstrahlt durch das Bekenntnis zum Erbarmer. Dieses Bekenntnis ist eine Kurzformel des Glaubens, welche die Inhalte dieser drei Religionen zusammenfasst.

Es gibt natürlich sowohl in Bibel wie im Koran auch andere Vorstellungen, etwa die von Gott als strengem Richter und Rächer von unrechtmäßigen Handlungen, doch Barmherzigkeit ist die grundlegende Eigenschaft Gottes. In den semitischen Sprachen (Arabisch wie Hebräisch wie Aramäisch [die Sprache Jesu]) hängt der Begriff Barmherzigkeit (arabisch *ar-rahmān* = Allbarmherziger; *ar-rahīm* = Allerbarmer) mit dem Mutterschoß zusammen, ist somit eine eher weibliche Eigenschaft, welche die fürsorgliche und schützende Seite Gottes kennzeichnen soll: Wie eine Mutter sich liebevoll und erbarmend um ihr Kind kümmert, so kümmert sich der liebende und erbarmende Gott um die Menschen – darauf dürfen sie vertrauen. Das gilt trotz aller aus den traditionellen Gesellschaften stammenden patriarchalischen Vorstellungen für den Islam wie für Christentum und Judentum.

Diese Sicht eines erbarmenden Gottes hat Auswirkungen auf die Ethik und die Handlungspostulate in den drei Schwesternreligionen: Weil Gott barmherzig ist, sollen auch die Gläubigen Barmherzigkeit zeigen: »Seid barmherzig, wie es auch der Vater ist« (Lukas 6,36). »Denen, die glauben und verrichten gute Werke, lässt der Barmherzige Liebe zuteil werden« (Sure 19,96). So kann der Islamwissenschaftler Mouhanad

Khorchide als Titel eines seiner Bücher formulieren: »Islam ist Barmherzigkeit«. Die Hingabe *(islām)* an Gott, manchmal auch als »Unterwerfung« unter ihn und seinen Willen benannt, ist demnach nichts anderes als eine vertrauensvolle Beziehung zum menschenfreundlichen und barmherzigen Gott, die sich danach in Barmherzigkeit gegenüber anderen Lebewesen (Menschen wie Tieren) konkretisiert. Dem von Gott geoffenbarten Wort (im Koran, aber auch in vorangegangenen Offenbarungen wie Tora und Evangelium) antwortet der Mensch durch eine Einstimmung auf Gottes Willen, Gottes Barmherzigkeit erzeugt Barmherzigkeit im Menschen.

Mehr noch: Nur weil Gott der Barmherzige ist, kann sich der Mensch ihm in freiem Glauben zuwenden, ihm hingeben, seiner Rechtleitung folgen. Einem gewalttätigen Gott dagegen würde man sich zwangsweise unterwerfen müssen, doch wäre dies kein Glaube, wie er von den abrahamitischen Religionen gefordert wird. Dem barmherzigen Gott jedoch kann der Mensch in jeder Lebenslage vertrauen, Gott erweist ihm Schutz und Sicherheit. Der Koran formuliert dazu unter Berufung auf die biblische Gestalt des Jakob, der zu seinen Söhnen spricht: »Gottes Schutz ist besser als eurer, denn er ist der Barmherzigste der Barmherzigen« (Sure 12,64).

Dieser Grundeigenschaft Gottes, seiner alle umfassenden Barmherzigkeit, werden die anderen Eigenschaften Gottes zugeordnet, so wie Menschen sie auf vielfache Weise erfahren haben. Der Koran kennt eine Fülle von Gottesnamen, von Gotteseigenschaften, von Zuschreibungen, die natürlich immer nur analog zu verstehen sind, nicht in anthropomorpher Verfälschung. Insgesamt werden in der islamischen Tradition einhundert (= Vollkommenheitszahl) Gottesnamen aufgeführt. Allerdings kennen die Menschen nur 99 dieser Namen (die muslimische Gebetskette hat 33 Perlen: 3 x 33 = 99). Der hundertste Gottesname bleibt den Menschen auf Dauer ver-

Kalligrafie Koransure, in der MItte »Allah«, Iran

wehrt, damit sie sich nicht über Gott erheben – Gott bleibt der transzendente, der ganz andere, dessen »Blick zwar die Menschen erreicht, doch den diese nicht erblicken können« (Sure 6,103). »Sein sind die Namen, die unübertrefflich schönen. Ihn preist, was in den Himmeln und auf der Erde ist. Er ist der Mächtige und Weise« (Sure 59,24).

Neben der Bezeichnung »der Barmherzige« verweist der Koran an mehr Stellen als die Bibel auf Gott, den Schöpfer von Welt und Menschen, der aber zugleich auch nach dem Tod zum Neuschöpfer werden wird. Das Wirken Gottes in der Natur wird im Koran mit vielen Beispielen aufgezeigt – die ganze

Schöpfung ist für die Menschen ein Zeichen, das zum Glauben führen soll. Auch ist Gott nicht nur der Schöpfer am Anfang, sondern zudem der Erhalter, der »alles lenkt, was existiert« (Sure 10,3 Übersetzung Asad). Damit wird Gott zum Helfer, ja Freund: »Keiner kann Freundschaft erzeigen wie Gott, und keiner kann beistehen wie Gott« (Sure 4,45, dto.).

Der barmherzige Gott ist auch derjenige, dessen Liebe zu den Menschen immer wieder ausgesagt wird (Sure 2,195; 3,159; 5,42; 85,14 und öfter). Es geht also im Islam nicht um theologische Spekulationen über einen transzendenten Gott, über dessen inneres Wesen der Mensch sowieso nichts aussagen kann; es geht vielmehr um Erfahrungen, wie Gott den Menschen mit Liebe und Erbarmen begegnet. Dies ist zugleich ein Zuspruch, der leben lässt, und ein Anspruch, der recht handeln lässt. Wenn sich die Menschen Gottes Willen, seiner Rechtleitung ergeben, ist ihnen Heil verheißen – und dies gilt nicht nur für Muslime, sondern für die Menschheit: »O ihr Menschen ... Wir sandten zu euch herab Licht, offenkundiges. Die aber, die glauben an Gott ... lässt er eingehen in seine Barmherzigkeit und Gnadengabe und lässt sie rechtleiten zu sich auf dem Weg, dem geraden« (Sure 4,174f.).

Glaubensbekenntnis *(schahāda)*

Das Erbarmen Gottes führt zu Handlungen der Menschen, die im biblischen Kontext meist mit Gottes- und Nächstenliebe wiedergegeben werden. Im Islam haben sich die fünf Säulen herausgebildet, die das Haus des Islam tragen, die unverzichtbare Grundvollzüge islamischen Lebens geworden sind:

- das *Glaubensbekenntnis (schahāda)* mit dem Bekenntnis zum einen und einzigen Gott, der sich barmherzige den

Menschen zuwendet – dies ist die wichtigste Säule, die Grundlage für alles Folgende;

- das *fünfmalige tägliche Gebet (salāt)*, welches das Glaubensbekenntnis in eine konkrete Handlung überträgt, die allein oder (meist als Freitagsgebet) in Gemeinschaft mit anderen Muslimen verrichtet wird;
- das *Fasten im Monat Ramadan (saum)*, der dadurch hervorgehoben ist, dass in ihm Mohammed die erste Offenbarung des Korans empfing, die Sure 96;
- die *Abgabe (zakāt)*, oft auch Almosen genannt, aber mehr als verbindliche Armensteuer zu verstehen, die zur sozialen Gerechtigkeit innerhalb der Umma beitragen soll;
- die *Wallfahrt nach Mekka (hadsch)*, die ein Muslim wenigstens einmal im Leben durchführen soll und in der er seinen unbedingten Glauben an den einen Gott bekennt.

Diese fünf Säulen des Islam entsprechen den fünf Fingern einer Hand und werden deshalb oft als »Hand des Islam« künstlerisch und kalligrafisch wiedergegeben: Aus der einen Hand muslimischen Glaubens wachsen fünf Grundforderungen, die der gläubige Muslim zu erfüllen hat, um seinen Glauben konkret werden zu lassen.

Die fünf Säulen zeigen letztlich auf ihre je unterschiedliche Weise die Grundhaltung des Muslim auf: Sie sind konkrete Formen der Ergebung eines Menschen in Gott, also *islām*, Hingabe an Gott, Unterwerfung unter Gottes Rechtleitung, Ausrichtung des Lebens auf Gott, die innere Mitte von allem (vgl. bei dem Hadsch die Umkreisung der Kaaba, dem Sinnbild Gottes: der Pilger macht Gott zu seiner inneren Mitte).

Im Koran finden sich die fünf Säulen nicht systematisch aufgeführt, sondern nur in verschiedenen Andeutungen. Wohl aber gibt es ein bedeutendes Hadith, das sogenannte *Gabriel-Hadith*, das in den Hadith-Sammlungen (auch bei Khoury) meist am Anfang steht:

»Ein unbekannter Mann kommt zu Mohammed und seinen Gefährten und bittet diesen, ihn über den Islam zu unterrichten. Mohammed antwortet darauf:

›Der Islam besteht darin,
dass du bezeugst: es gibt keinen Gott außer Gott,
und Mohammed ist der Gesandte Gottes,
dass du das Gebet verrichtest,
die Abgabe entrichtest,
den Ramadan fastest,
die Wallfahrt zum Bethaus in Mekka vollziehst.‹

Der Fremde antwortete: ›Du hast die Wahrheit gesagt.‹ Dann ging er. Die Gefährten Mohammeds fragten den Propheten: ›Wer hat dir diese Frage gestellt?‹ Mohammed antwortete: ›Es war Gabriel. Er kam, um euch eure Religion zu lehren.‹

Die fünf Säulen erfahren hier eine (durch Gabriel vermittelt) göttliche Bestätigung. Zugleich aber wird der Rang Mohammeds hervorgehoben, denn er, nicht der Engel ist es, der die eigentliche Lehre von den fünf Säulen verkündet, die fünf Grundforderungen des Islam aufzählt und damit das, was muslimischen Glaubens ausmacht. Mohammed kann deshalb auch nach diesem Ereignis authentisch den Willen Gottes auslegen – nicht nur die Suren des Korans, sondern auch die Hadithe künden davon.

Das muslimische Glaubensbekenntnis *(schahāda)* kann in der häufig genutzten Kurzfassung gesprochen werden oder in einer ausführlicheren Fassung. Die Kurzfassung lautet

Lā ilāha illā-llāh; muhammad rasūlu llah.
(Es gibt keinen Gott außer dem einzigen Gott;
Mohammed ist der Gesandte Gottes.)

In der ausführlicheren Weise nennen Sunniten in der Regel sechs Glaubensartikel in folgender Reihenfolge:

- den *Glauben an den einen Gott* als Grundlage von allem Weiteren;

- den *Glauben an die Engel*, die als Mittler zwischen Gott und Menschen angesehen werden (etwa Gabriel als Offenbarungsmittler, der die Worte des Urkorans von Gott her zu den Menschen bringt);
- den *Glauben an den Koran* als die heilige Schrift der Muslime, an Gottes unverfälschtes Wort, aber auch Wertschätzung der Bücher der beiden »Buchreligionen« Judentum und Christentum, d.h. der Bibel;
- den *Glauben an Mohammed* als letztem der Gesandten beziehungsweise Propheten, aber auch Wertschätzung der Gesandten vor Mohammed: Nūh (Noach), Hūd (biblisch Eber, als Ururenkel von Noach), Salih (ein nicht in der Bibel erwähnter Prophet), Lūt (Lot), Ismail (Ismael), Schuaib (Jitro, Schwiegervater des Mose), Mūsā (Mose), Isā ibn Maryam (Jesus, der Sohn Mariens) und weiterhin der vielen Propheten, die wichtigsten sind: Ādam, Ibrāhīm (Abraham), Ishāq (Isaak), Yūsuf (Josef [AT]), Dāwud (David), Ilyās (Elija), Yahiyā (Johannes der Täufer);
- den *Glauben an die Auferstehung*, an ein Jenseits und dort an einen gerechten Ausgleich im Gericht über die Menschen, bei dem die Guten mit den Freuden des Himmels

Kachel mit Schahāda, Iznik, Türkei

(Paradies) belohnt, die Bösen mit der Schmach der Hölle bestraft werden;

- *Glaube an die Vorherbestimmung* von Gutem und Bösen durch Gott, gedeutet als Prädestination *(qadar)* aufgrund von Gottes Allwissenheit, als göttliche Prüfung *(qada)* aufgrund von Gottes Allmacht, als gute und glückliche Vorsehung *(qisma)* aufgrund von Gottes Barmherzigkeit.

Schiiten akzeptieren nur die ersten fünf Artikel – hier ist einer der wenigen, aber letztlich geringfügigen theologischen Unterschiede zwischen Sunna und Schia erkennbar.

Die Schahāda ist der wichtigste Teil des fünfmaligen täglichen Gebetes (vgl. Seite 63), gleichsam die Grundmelodie aller muslimischen Gebete. Wegen ihrer Bedeutung wird die Schahāda auch in der islamischen Kalligraphie und im Bauschmuck von Moscheen und Medresen verwandt, etwa als den Mihrāb (Gebetsrichtung nach Mekka) in einer Moschee umlaufendes kalligraphisches Band. Auch findet sich die Schahāda als Bauschmuck in der Außenfassade des 687–691 erbauten Felsendoms in Jerusalem (vgl. Seite 38) – dort mit den Worten: »Es gibt keinen Gott außer Gott allein, er hat keinen Teilhaber; Mohammed ist der Gesandte Gottes, möge Gott ihn segnen.«

Ein Vater flüstert seinem neugeborenen Kind die Schahāda ins Ohr und macht es durch diesen Ritus zum Muslim (vergleichbar der christlichen Taufe). In bedeutenden Schriftstücken, etwa der islamischen Herrscher, aber auch in Verträgen der Kaufleute, wird die Schahāda über den Text gesetzt und bezeugt damit nicht nur die Bedeutung des Textes, sondern auch den guten und vertragsgetreuen Willen des Schreibers und seinen Glauben an den einen Gott. Auch auf umayyadischen Münzen wurde die Schahāda geprägt, sie findet sich ebenso auf der Flagge Saudi-Arabiens – dort zusammen mit dem Schwert des Islam auf grünem Hintergrund.

Jeder Muslim kommt durch das Gebet täglich mehrfach mit der Schahāda in Berührung. Diese stellt eine im Vergleich zu christlichen Glaubensbekenntnissen (etwa dem Apostolischen Glaubensbekenntnis aus der zweiten Hälfte des zweiten Jahrhunderts oder dem Nicäno-Konstantinopolitanischem Glaubensbekenntnis auf dem fünften Jahrhundert) sehr einfache und klare Weise eines monotheistischen Bekenntnisses dar. Diese Konzentration auf wenige Worte hat stark dazu beigetragen, dass sich der islamische Glaube in vielen Ländern durchgesetzt hat, auch wie in Nordafrika oder dem Vorderen Orient in ehemals bedeutenden christlichen Gebieten. Man vergleiche dazu die beiden Sätze der Schahāda mit den trinitarischen Formulierungen des christlichen Bekenntnisses: »aus dem Vater geboren vor aller Zeit, gezeugt, nicht geschaffen, eines Wesens mit dem Vater ...«

Die Schahāda ist somit eine leicht zu erlernende und sich auf das Wesentliche beschränkende religiöse Formel, die den Islam in Geschichte und Gegenwart geprägt, seine Missionierung befördert und seine religiösen Vollzüge bestimmt hat. Diese beiden Sätze haben wie kaum andere Kurzfassungen eines Glaubens Auswirkungen auf Menschen und Völker gehabt. Muslime werden durch die Schahāda immer wieder neu in eine Beziehung zu Gott gestellt und über die Erwähnung des Propheten auch in die Umma eingegliedert; Nichtmuslime erhalten dagegen durch diese prägnante Formulierung eine kritische Anfrage ihres eigenen Gottesverständnisses und ihrer religiösen Praxis.

Mit den beiden Sätzen der Schahāda wird das Wesentliche muslimischen Glaubens in einfacher und verständlicher Form ausgedrückt. Die Schahāda ist deshalb zu Recht die wichtigste der fünf Säulen des Islam – sie hält das Haus des Islam zusammen.

Gebet *(salāt)*

In Religionen, die von einem personalen Gottesbild geprägt sind, gleich ob es sich um monotheistische oder polytheistische Glaubensgemeinschaften handelt, um Ein-Gott-Glauben oder Viel-Gott-Glauben, hat das Gebet einen hohen Stellenrang. Beten bedeutet die Beziehungsaufnahme eines Menschen zu Gott. Gott offenbart sich dem Menschen – in Personen wie Jesus oder den Avataren Vishnus oder in Büchern wie Koran und Bibel –, der Mensch antwortet auf dieses Wort Gottes unter anderem im Gebet.

Beten gilt, dies besonders in den drei vorderorientalischen Religionen, als vertrauensvolles Sprechen mit Gott, das sich in Lob und Dank, aber ebenso in Bitte und Klage äußern kann. Beten bedeutet die Ausrichtung aller Lebensbereiche auf Gott. Damit ist das Gebet kein Sonderbereich des Lebens, sondern eine religiöse Grundausrichtung, eine Grundhaltung, die das Leben des Glaubenden prägt und die in jeder Lebenssituation, ob guten oder schweren Stunden, zum Tragen kommt.

Das Gebet kann dabei frei gesprochen werden, in Stille, eher meditativ erfolgen oder auch auf vorgeprägte Gebete zurückgreifen, die zu Grundgebeten der einzelnen Glaubenden wie auch ihrer Gemeinschaft werden.

Im Judentum ist dies vor allem das *sch'ma jisrael*, das mit dem Satz beginnt: »Sch'ma jisrael adonai elohenu adonai echad« – »Höre Jisrael! Adonai (= »mein Herr«, Umschreibung Gottes im orthodoxen Judentum) ist unser Gott; Adonai ist Einer.« Das muslimische Glaubensbekenntnis (vgl. Seite 60) entspricht in seiner ersten Hälfte diesem jüdischen Gebetssatz. Das Sch'ma Jisrael fährt nach dem ersten grundlegenden Bekenntnis zu Gott mit den aus Deuteronomium 6,4–9 entnommenen Worten fort: »Höre, Israel, der Herr ist unser Gott, der Herr ist einzig. Gepriesen sei Gottes ruhmreiche Herrschaft immer und ewig! Darum sollst du den Ewigen, deinen Gott, lieben mit ganzem Herzen, mit ganzer Seele und mit ganzer Kraft. Diese Worte, auf die ich dich heute verpflichte, sollen auf deinem Herzen geschrieben stehen. Du sollst sie deinen Kindern erzählen. Du sollst von ihnen reden, wenn du zu Hause sitzt und wenn du auf der Straße gehst, wenn du dich schlafen legst und wenn du aufstehst. Du sollst sie als Zeichen um dein Handgelenk binden. Sie sollen als Merkzeichen auf deiner Stirn sein. Du sollst sie auf die Türpfosten deines Hauses und in deine Tore schreiben.« Hier werden Gebetsworte mit rituellen Handlungen verknüpft: mit *teffilim* (Gebetsriemen, die am Arm und am Kopf getragen werden; diese tragen Kapseln mit Sätzen der Tora, der wichtigsten Teile der Hebräischen Bibel – die *mesusa*, die am Türpfosten und an Stadttoren befestigten Kapseln, beinhalten ebenfalls solche Texte. Eine ähnliche Verknüpfung von Gebetsworten mit allerdings anderen rituellen Handlungen, vor allem mit Reinigung und Körperhaltung, finden wir in vergleichbarer Form beim muslimischen Gebet (s.u.).

Im Christentum ist das *Vaterunser* das entsprechende Grundgebet, das vom Einzelnen und von der christlichen Gemeinschaft gesprochen wird. Dabei ist für Christen keine besondere rituelle Handlung notwendig; man kann allerdings das oft zu Beginn eines christlichen Gebetes über den Körper geschlagene Kreuzzeichen in ähnliche Richtung deuten: Geist (Gebetsworte) und Ritual (körperlicher Ausdruck) kommen beim Beten zusammen. Andere Religionen kennen Vergleichbares, etwa in Körper- oder Handhaltungen.

Der Islam kennt auch ein frei gesprochenes und damit die persönliche Situation des Betenden besser fassenden Gebet (*du'ā* genannt), in dem sich Lob und Klage, Freude und Leid, Hoffnung und Verzweiflung wiederspiegeln können, in dem vor allem aber Bitten an Gott gerichtet werden. Auch können Teile einzelner Koransuren oder auch Formulierungen der Hadithe ebenso zum persönlichen Gebet genutzt werden, wie dies im jüdischen Raum etwa mit den zitierten Worten aus dem Buch Deuteronomium, aber vor allen mit den Psalmen, geschieht.

Es gibt auch eine muslimische Gebetsliteratur, in welcher Gebetstexte gesammelt sind und zu denen ein Muslim greifen kann. Besonders schöne Gebetstexte, die durchaus auch von Christen gebetet werden können, finden sich in den Traditionen der Sufis, in denen man sich als Liebender Gott, dem Geliebten, nähert. Es sind oft poetische und mystische Texte, auch meditative Wege, auf denen man Gottes gedenkt.

Doch für den Hauptstrom der Muslime ist das rituell festgelegte Gebet *(salāt)* eine der fünf Säulen des Islam. Es soll fünfmal am Tag stattfinden, der Betende soll sich dabei nach Mekka, nach der Kaaba als Gottessymbol, ausrichten. Dieses Gebet drückt die Hingabe eines Muslims an Gott (= Islam) in konkreter, den Körper und den Geist einbindender Form aus. Dies meint auch das arabische Wort *salāt* (= beugen, krümmen): Die Menschen beugen sich betend vor Gott und vor Gottes Willen. Das Niederwerfen vor Gott geschieht körperlich durch hinknien und mit der Stirn den Boden berühren – dies ist eine Ehrerbietung, wie sie früher auch vor Königen und Fürsten vollzogen wurde.

Die Gebetsrichtung nach Mekka *(qibla)* wird in den Moscheen (vgl. Seite 140) durch den *mihrāb* angezeigt, eine Nische, meist mit Gewölbe, die oft mit kalligrafischen Elementen (Koranverse oder Shahāda) schön gestaltet ist. In privaten Bereichen (etwa Wohnräumen oder Hotelzimmer) ebenso wie in öffentlichen Gebäuden wird die Gebetsrichtung häufig durch einen grünen Pfeil an der Decke wiedergegeben. Diese Gebetsrichtung war ursprünglich Jerusalem (vgl. Seite 40), aber in Medina änderte Mohammed die Richtung. Dies hing wahrscheinlich zum einen mit den Problemen der drei jüdischen Stämme zusammen, die schließlich von Mohammed aus der Stadt vertrieben wurden, zudem aber wohl auch deshalb, weil ein Heer des christlich-byzantinischen Reiches gegen die Muslime kämpfte und Jerusalem damals als christliche, nicht jüdische Stadt mit den Gegnern identifiziert wurde. Mit der Gebetsrichtung hin zur mekkanischen Kaaba war zudem eine Konzentrierung auf ein altes arabisches Heiligtum gegeben: Mohammed, ein arabischer Prophet – Koran, ein Buch in arabischer Sprache, Kaaba – ein arabisches Heiligtum.

Das fünfmalige Gebet gliedert den Tag und gibt ihm einen Rhythmus vor, der von der Beziehung zu Gott bestimmt ist. Der Legende nach wurden diese Zeiten bei der Nachtreise beziehungsweise Himmelsreise Mohammeds ausgehandelt. Doch haben Mohammed und seine Gefährten wohl nur zwei- bis dreimal pro Tag gebetet; erst später ergab sich die Festlegung auf fünf Gebetszeiten.

Die einzelnen Gebetszeiten verschieben sich durch den Wechsel der Jahreszeiten deutlich, denn sie sind an Sonnenaufgang und -untergang gebunden. Deshalb sind diese Gebetszeiten auch je nach Region unterschiedlich und werden jeweils von den muslimischen Verbänden in Gebetskalendern vorgegeben beziehungsweise in den Moscheen auf Tafeln angeschlagen. Im Einzelnen sind die Gebetszeiten:

- *fadschr* – das Gebet zur Morgendämmerung unmittelbar vor Sonnenaufgang,
- *zuhr* – das Gebet am Mittag beim Höchststand (Zenit) der Sonne,
- *ʿasr* – das Nachmittagsgebet schon bei sinkender Sonne, wenn die Schatten länger werden,

- *maghrib* – das Gebet unmittelbar nach dem Sonnenuntergang,
- *'ischā* – das Gebet nach Einbruch der Dunkelheit bis Mitternacht.

Vor dem Gebet muss eine rituelle Reinigung vorgenommen werden. Auch hier verweist das körperliche, rituelle Tun auf ein inneres Geschehen, auf die Bereitschaft, sich an Gott zu wenden und seiner Rechtleitung zu folgen. Der Islam unterscheidet zwei Arten ritueller Reinigung:

- *ghusl:* die rituelle Ganzkörperwaschung, um den Zustand ritueller Unreinheit (nach Glaubensabfall, nach blutigen Verletzungen, nach Geschlechtsverkehr, bei Frauen nach der Menstruation etc.) zu beenden. Auch die Totenwaschung ist eine rituelle Ganzkörperwaschung. Diese umfassende Waschung geht nicht auf den Koran, sondern auf später entstandene Traditionen der Rechtsfindung zurück.
- *wudū:* Dies ist die normale Waschung vor jedem der fünf täglichen Gebete, die kleine rituelle Reinigung, wie sie Sure 5,6 anordnet: »Wenn ihr euch aufrichtet zum Gebet, wascht euer Gesicht und eure Hände bis zu den Ellenbogen, streicht über euren Kopf und eure Füße bis zu den Knöcheln!« Nur im Zustand ritueller Reinheit, also nach einer solchen kleinen Waschung, ist das rituelle tägliche Gebet gültig. Dieser Zustand hält auch über mehrere Gebetszeiten an, wenn er nicht durch Schlaf, Blutung, Toilettengang etc. beendet und dadurch eine neue Waschung vor der nächsten Gebetszeit notwendig ist. Die einzelnen Rechtsschulen legen allerdings die genauen Regeln für Anfang und Ende ritueller Reinheit etwas unterschiedlich fest.

Die Waschung hat mit Wasser zu erfolgen. Deshalb findet man im Vorhof oder in eigenen Gebäudeteilen von Moscheen Brunnen oder Waschräume, nach Männern und Frauen ge-

wudū, rituelle Reinigung: Hände, Gesicht, Arme, Füße

trennt, in denen die Reinigung vorgenommen werden kann. Wenn – wie etwa in der Wüste – kein Wasser vorhanden ist, kann auch Sand oder ein wenig Erde genommen werden.

Nicht nur der Beter, sondern auch der Ort des Gebets muss rein sein. Deshalb sind die meisten Fußböden in Moscheen von Teppichen bedeckt, die man nur ohne Schuhe betreten darf. Barfuß (oder mit Socken) vor Gott treten erinnert an die Erzählung des biblischen Mose, der vor dem brennenden Dornbusch seine Schuhe ausziehen muss (Exodus 3,5) – Zeichen der Verehrung Gottes. Auch gibt es in anderen Religionen (Hinduismus, Teilen des Buddhismus) den Brauch, ohne Schuhe ins Heiligtum zu gehen. Viele Muslime besitzen zudem einen kleinen Gebetsteppich *(sadschdschāda)*, der zu Hause oder auf Reisen für das rituelle Gebet genutzt wird.

Das tägliche Gebet selbst mit seinen Gebetshaltungen Stehen, Verneigen, Niederwerfen, Sitzen ist wie folgt aufgebaut:

- Zu Beginn steht man aufrecht und hebt die Hände nach oben, bis die Fingerspitzen die Ohrläppchen berühren (erhobene Hände = Gebetshaltung in vielen Religionen). Dazu spricht der Beter: »Allahu akbar!« (Gott ist am größten). Durch diesen Ruf und die Orantenhaltung richtet sich der Beter auf Gott aus. In der Moschee ist er in eine Gemeinschaft eingegliedert, die sich in gleicher Weise zum Mihrāb (nach Mekka) hin ausrichtet, einen Unterschied zwischen den Betern etwa nach sozialem Stand gibt es nicht.

  Leitet ein Imam das Gebet, so spricht er nun den Gebetsaufruf *(iqāma)*: »Gott ist am Größten! Ich bezeuge, dass es keine Gottheit gibt außer Gott; ich bezeuge, dass Muhammad der Gesandte Gottes ist *(schahāda)*. Eilt zum Gebet! Eilt zum Heil! Eilt zur besten Handlung! Das Gebet hat begonnen. Gott ist am Größten! Es gibt keine Gottheit außer Gott.«

Jeder Beter erklärt nun für sich Im Stillen seine Gebetsabsicht *(nīya)*, etwa dass er das Morgengebet verrichten möchte. An dieser Stelle haben auch persönliche Gebetswünsche ihren Platz.

- Weiter stehend wird nun Sure 1 *(fātiha)* vom Imam oder dem einzelnen Beter rezitiert, es folgt eine andere Sure nach freier Auswahl.
  Danach verneigt sich der Beter tief und in vor Gott demütiger Haltung: »Mein Herr, dir gilt mein Lobpreis.«
  Danach geht der Beter in die Niederwerfung über: Er kniet nieder und beugt den Kopf zur Erde, sodass Zehen, Knie, Handflächen und Stirn den Boden berühren. Dies setzt die innere Hingabe an Gott in eine konkrete Handlung um. Dabei spricht der Beter: »Lob sei meinem Herrn.« Diese Niederwerfung *(sudschūd)* wird dreimal wiederholt.
- Dann geht der Beter aus dem Knien in eine kniend-sitzende Haltung über und spricht noch einmal die Schahāda. Zum Abschluss wendet er seinen Kopf nach recht und links zu den anderen Muslimen und spricht ihnen den Friedensgruß zu: »As-salāmu ʿaleikum« (der Friede sei mit dir). Die Beziehung zu Gott führt somit zu einer veränderten und friedvollen Beziehung zu den anderen Glaubenden, zur Umma.

Dieses Grundgerüst des muslimischen Gebetes kann je nach Zeit und Intention des Betenden durch weitere Suren und/oder andere Gebetstexte erweitert werden. Wenn ein Muslim eine Gebetszeit nicht einhalten kann, kann er das Gebet nachholen. Grundsätzlich ist das Beten allein gültig, aber es wird das gemeinsame Gebet, besonders am Freitagmittag in der größten Moschee einer Stadt, der Freitagsmoschee, besonders empfohlen, weil sich der Einzelne so in eine betende Gemeinschaft eingliedern kann – die Beziehung zu Gott und die Beziehung zum Nächsten hängen zusammen.

Fasten *(saum)*

Alle Religionen kennen bestimmte Formen der Askese (von griechisch *askein* = üben), die zum Teil für ihre Mitglieder verpflichtend sind, zum Teil freiwillig übernommen werden. Auch das Fasten gehört zur Askese, und geschieht in den Religionen tageweise (etwa christliches Fasten am Freitag, dem Todestag Jesu), über bestimmte jahreszeitliche Perioden (etwa Fastenzeit im Christentum, Ramadan im Islam), manchmal auch aus individuellen Gelübden heraus. Beim Fasten wie bei Askese allgemein geht es nicht um eine Abwertung der Welt und der »weltlichen« Güter wie Nahrung, Genussmittel wie Alkohol oder Nikotin, Körperpflege und ausreichendem Schlaf, Sexualität und um eine weitgehende Bedürfnislosigkeit um ihrer selbst willen, obwohl Selbstbescheidung, Verzicht um der anderen willen, Teilen mit den Armen zu den religiösen Tugenden gehört. Vielmehr wollen Askese und damit auch das Fasten zur Selbstkontrolle eines Menschen dadurch beitragen, dass sie die Abhängigkeit eines Menschen von materiellen Gütern wie von anderen Werten verringert – zeitweise oder auch dauernd (etwa Zölibat bei Priestern und Mönchen in verschiedenen, aber keineswegs allen Religionen).

Die Religionen verstehen Askese und Fasten als Lösung vom Weltlichen, um dadurch frei zu werden für innere Erfahrungen, für das Wesentliche des Lebens – und damit auch für die Begegnung mit dem Göttlichen, dem Gott, den Göttern oder, buddhistisch, für die Erleuchtung und damit Erlösung vom Leid. Fasten kann als Übergangsritus geschehen, etwa als Vorbereitung auf eine Initiation (etwa in Ritualen zum Übergang vom Kind zum Erwachsenen), auf ein Fest (etwa in der christlichen Fastenzeit als Vorbereitung auf Ostern). Oft wird dies verbunden mit dem Aspekt der Buße, der inneren Reinigung und der Neuorientierung des Lebens. Auch gibt es ein Fasten als Ausdruck der Trauer um einen Verstorbenen (etwa beim Aschurafest, vgl. Seite 79). In Naturreligionen wird das Fasten oft eingesetzt zur Erlangung magischer Fähigkeiten.

Das Fasten der drei vorderorientalischen Religionen Judentum, Christentum und Islam bezieht sich vor allem auf eine neue Anbindung des Menschen an Gott, eine Ausrichtung auf Gottes Gebote (Judentum und Christentum) beziehungsweise seine Rechtleitung (Islam).

Das *Judentum* betrachtet die Welt und die weltlichen Güter als grundsätzlich positiv und als Geschenk eines menschenfreundlichen Gottes; Askese hat im Judentum einen im Vergleich etwa zu Hinduismus und Buddhismus geringen Stellenrang. Ein für alle verpflichtendes und zudem strenges Fasten gibt es allein am *Jom Kippur*, dem Versöhnungstag *(jom hakippurim)*. Dieser stille Feiertag ist der Abschluss einer zehntägigen Bußzeit, die mit dem jüdischen Neujahrsfest (meist im September) beginnt und von Reue über schuldhaftes Verhalten und Umkehr zu einem gottgefälligen Leben bestimmt ist. Doch kann im Judentum auch an anderen Tagen gefastet werden, z.B. am Gedenktag zur Zerstörung des Jerusalemer Tempels oder auch aus individuellen Gründen. Die Propheten üben in der Regel eine deutliche Kritik an einem nur äußerlichen Fasten und betonen eher die soziale Gerechtigkeit, die durch ein Teilen der eigenen Güter möglich werden soll – Askese wird hier gesehen als soziale Verpflichtung um der Armen willen. Mohammed dürfte diese jüdische Fastenpraxis spätestens in seiner Medina-Zeit erlebt haben. Dies hat Auswirkungen gehabt auf die beiden Säulen des Islam Fasten im Ramadan und Abgabe als soziale Verpflichtung und Ausgleich von Reich und Arm.

Das *Christentum* übernimmt die jüdische Sicht nur teilweise. Jesus hat im Rahmen der Gewohnheiten des Judentums seiner Zeit gefastet, doch betont er wie bei anderen Themen seiner Verkündigung vor allem, dass es bei allem religiösen Tun um eine innere Veränderung gehen muss. Das Neue Testament kennt das Wort Askese nicht, doch gibt es vielerlei Hinweise auf eine asketische Praxis, die den Menschen von falschen Abhängigkeiten befreien soll und die zugleich den sozialen Aspekt des Teilens mit den Armen betont. In den ersten Jahrhunderten des Christentums entwickelten sich bei christlichen Asketen teilweise fragwürdige Formen des Weltverzichts und der Askese (Säulensteher, radikaler Besitzverzicht bis hin zur Nacktheit, sogar Selbstkastration [Origenes]). In den allmählich entstehenden Ordensgemeinschaften wurden diese Bestrebungen gleichsam kanalisiert und durch Regeln eingeschränkt. Heute gibt es in der katholischen Kirche wie in den orthodoxen Kirchen einzelne Fasttage (etwa Karfreitag, Aschermittwoch) und Fastenzeiten (Österliche Bußzeit, früher auch Advent). Die orthodoxe Kirche kennt auch einen Versöhnungstag. Die evangelischen Kirchen lehnen von Martin Luther her zuerst asketische Übungen ab; in den reformierten Kirchen (Calvin, Zwingli) und bei pietistischen Gruppen entwickelten sich durchaus asketische Praktiken.

Obwohl Mohammed nicht nur mit Juden, sondern auch mit Christen (christliche Kaufleute, dazu auch christliche Einsiedler und Mönche) in Berührung gekommen ist, übernimmt er eine solche asketische Praxis nicht. Der Koran betont ebenso wie die Hebräische Bibel den Geschenkcharakter der Welt und der weltlichen Güter, die dankbar angenommen und genutzt werden können. Askese im eigentlichen Sinn gibt es im Islam nicht.

Wohl aber gibt es einen Fastenmonat, den Ramadan: »Das Fasten ist euch vorgeschrieben ... Es ist der Monat Ramadan, in dem herabgesandt wurde der Koran für die Menschen als Rechtleitung ... Damit ihr vielleicht dankbar seid« (Sure 2,183ff.). Nach Glaubensbekenntnis und dem fünfmaligen täglichem Gebet ist das Fasten die dritte Säule des Islam.

Die Begründung, die der Islam für sein verpflichtendes Fasten gibt, unterscheidet sich also grundsätzlich vom Fasten der Juden und der Christen. Es geht natürlich auch um eine Neuorientierung des Lebens, um einen Verzicht auf weltliche Güter für einen bestimmten Zeitraum, um damit den Glauben, die innere Anbindung an Gott zu stärken. Vor allem aber wird hier die Anstrengung, die mit dem Fasten verbunden ist, als Dank des Menschen an Gott gesehen, das Fasten also als positiv verstanden. Zugleich bindet sich der einzelne Muslim durch das Fasten – ebenso wie durch das regelmäßige Gebet – in die Gemeinschaft der Umma ein; er übt als Teil einer alle Völker übergreifenden Glaubensgemeinschaft eine religiöse Praxis aus, die zur Hingabe an Gott und zur Unterwerfung unter seinen Willen beiträgt. Das Fasten bedeutet in muslimischer Sicht weniger einen Verzicht auf weltliche Güter (Essen und Trinken) als ein Freiwerden für Gott – ein Fasten *für* etwas, nicht *gegen* etwas.

Im Koran kommt deshalb der Begriff der Askese, des Verzichtes nicht vor, erst in späterer Zeit entwickelte sich auch eine muslimische Askese besonders in der Strömung der Sufis, die sich manchmal provozierend in der Wollkleidung der Bettler zeigten (*sūf* = Wolle). Auch in der Schia entstanden Formen der Askese, allerdings gehört Askese nach wie vor nicht zum Hauptstrom muslimischen Lebens.

Das Fasten aber findet sich im Islam in zweifacher Weise: Fasten am Aschura-Tag und im Monat Ramadan. *Aschura* ist im sunnitischen Islam ein Fastentag im ersten Jahresmonat, der wahrscheinlich sowohl aus dem jüdischen Jom Kippur wie aus vorislamischen arabischen Glauben entstanden ist.

Mohammed hat zu Beginn seines Wirkens am Aschuratag gefastet, später jedoch den Ramadan betont und immer wieder das Fasten im Ramadan empfohlen. Der islamische Aschuratag gründet auf vielen Erinnerungen. Für Sunniten hat an diesem Tag Noach seine auf dem Berg Ararat gestrandete Arche verlassen – dies war der Beginn eines neuen Lebensabschnittes der Menschheit. Zudem hat Mose mit dem Volk Israel an diesem Tag das Rote Meer durchquert – ein Weg in die Freiheit. Schließlich wurde der von Unglück und Krankheit geschlagene Hiob von Gott geheilt und neu beschenkt – wieder der Beginn eines neuen Lebens. Für schiitische Muslime kommt hinzu – und das für sie der wichtigste Aspekt –, dass an diesem Tag an das Martyrium des dritten schiitischen Imams Husain gedacht wird, des Enkels von Mohammed, Sohn von Alī und Fatima. In der Schia ist Aschura deshalb ein strenger Tag der Buße und Trauer, der eine achttägige Bußzeit (vgl. die jüdischen Bußtage vor Jom Kippur) abschließt und teilweise mit Selbstgeißelungen vor sich geht.

Der Monat *Ramadan* verweist dagegen nicht auf Trauer und Buße, sondern auf die Herabsendung des Korans zu den Menschen als ein Zeichen der Barmherzigkeit Gottes. Im Ramadan nämlich, der bereits vorislamisch so bezeichnet wurde (»der heiße Monat«), wurde die erste Koransure (Sure 96) durch den Engel Gabriel Mohammed in einer Höhle des Berges Hirā verkündet (vgl. die Offenbarungen Gottes an Mose auf dem Berg Sinai – der Berg als Offenbarungsort und als Ort der Gottesbegegnung ist allgemein prophetische Tradition). Die heilige Schrift des Koran verkündet die Rechtleitung Gottes an die Menschen – auf dieses geoffenbarte Wort Gottes sollen sie mit *islām* (Hingabe, Unterwerfung) antworten – ein körperliches Zeichen ist neben dem Hinwerfen beim täglichen Gebet das Fasten im Monat Ramadan. Fasten ist hier körperlicher Ausdruck einer inneren Haltung, des Glaubens.

Das Fasten im Islam ist durch vielerlei Vorschriften genau geregelt. Es unterscheidet sich aber vom Fasten anderer Religionen dadurch, dass es nur tagsüber in der Zeit vom Sonnenaufgang bis Sonnenuntergang geschieht, in der Nachtzeit sind Essen und Trinken möglich. Auch gilt die Forderung verpflichtend nur für gesunde Erwachsene, die an ihrem Wohnort leben; es wird nicht gefordert von Alten, Kranken, Kindern (bis zur Pubertät), Reisenden, Kämpfern im Krieg. Das Fasten im Ramadan umfasst den Verzicht auf Essen und Trinken, auf Genussmittel (Rauchen; Alkohol ist grundsätzlich für Muslime untersagt) und Geschlechtsverkehr. Teilweise wird auch der Verzicht auf Musik, Kosmetika und andere Vergnügungen gefordert. Auch darf der Fastende niemanden beschimpfen oder bekämpfen (Selbstverteidigung ist erlaubt), nicht laut schreien oder ungehörige Reden halten.

Wer das Fasten nicht einhält, muss es nachholen oder einen Ausgleich leisten, etwa Spenden an Arme geben. Sobald das letzte Licht des Tages gewichen ist, beginnt das Fastenbrechen. Muslime kommen dann häufig in ihrer Großfamilie oder in ihrem Bekanntenkreis zusam-

Fest des Fastenbrechens, Indonesien

men, um mit einem üppigen Essen das Fasten des Tages zu brechen.

Am Ende des Fastenmonats Ramadan steht das *'id al-fitr*, das Fest des Fastenbrechens (türkisch: şeker bayramı = Zuckerfest); dies ist nach dem Opferfest das zweitwichtigste Fest im Islam (vgl. dazu genauer Seite 168) – ein fröhliches Fest der muslimischen Gemeinschaft, das mit einem üppigen Mahl gefeiert wird, manchmal sogar in der größerer Gemeinschaft der muslimischen Gemeinde auf dem Vorplatz oder in den Räumen einer Moschee.

Ein freiwilliges Fasten auch an anderen Tages als zum Aschurafest oder im Ramadan ist Muslimen erlaubt; es darf aber nicht der Freitag sein, der für Muslime der herausgehobene Wochentag ist (vgl. Seite 166).

Abgabe *(zakāt)*

Alle Religionen betonen, dass das Wesentliche der Religionsausübung im Inneren des Menschen geschieht, in seinem Glauben und in seiner Hinwendung zum Göttlichen. Alle Äußerlichkeiten einer Religion sind dagegen zweitrangig. Doch drängt der innere Glaube nach außen, die innere Haltung will sich im äußeren Tun beweisen, die innere Erfahrung einer Gottesbeziehung im ethischen Verhalten beweisen. Die Zeichen, Riten und Rituale der Religionen sind äußere Darstellungen des inneren Geschehens (vgl. die Körperhaltungen beim Beten); religiöse Bauten, aber auch Feste, Wallfahrten, Kunstwerke und anderes mehr zeigen das Leben der Religionen. Doch letztlich führen die Religionen die Menschen auf teilweise vergleichbaren, teilweise unterschiedlichen Wegen auch zu einer das eigene Leben übersteigenden Verantwortung, also nicht nur zum Blick auf das eigene Leben, sondern auch auf das der anderen, die ebenso Mitglieder der Glaubensgemeinschaft und der Menschheitsfamilie sind.

Verantwortung und Solidarität gehören deshalb zu den Grundzügen jeder Religion, allerdings mit unterschiedlichen Schwerpunkten. Religionen fördern eine innere Verbundenheit mit anderen, als Zusammengehörigkeitsgefühl, gleich ob man von Diakonie und Caritas (christlich), Zakāt (muslimisch), Mildtätigkeit und Mitgefühl (*dana* und *daya*, hinduistisch) oder grenzenlosem Mitleid (buddhistisch) spricht. Immer geht es um religiös motivierte Solidarität, die sich uneigennützig den Notleidenden zuwendet.

Im *Judentum* ist in diesem Zusammenhang die Botschaft einiger Propheten (besonders Amos und Micha, in Teilen Jesaja) bedeutsam: Aus dem Glauben an den einen Gott, der die Menschen in liebender Zuwendung erwählt, befreit und führt, ergibt sich die Forderung, dieser Liebe dadurch zu antworten, dass man sie auf Menschen ausweitet: Dem grundlegenden Gebot »Du sollst deinen Gott lieben mit ganzem Herzen« (Deuteronomium 6,5) entspricht das Gebot »Du sollst deinen Nächsten lieben wie dich selbst« (Leviticus 19,18). Jesus und durch ihn das *Christentum* übernehmen diese für jeden Glaubenden notwendige Verbindung von Gottes- und Nächstenliebe. In der neutestamentlichen Weltgerichtsrede wird dies konkretisiert: »Hungernden zu essen geben, Durstigen zu trinken, Fremde und Obdachlose aufnehmen, Nackte bekleiden, Kranke und Gefangene besuchen« (Matthäus 25,35f.).

Der *Islam* ist vom gleichen Ethos bestimmt, wenn es (in offensichtlicher Parallele zur Weltgerichtsrede) im Hadith (2055 in der Sammlung von Khoury) heißt: »Welcher Muslim auch immer einen anderen Muslim, der nackt ist, kleidet, den kleidet Gott mit dem Grün des Paradieses. Welcher Muslim auch immer einem anderen Muslim, der Hunger hat, zu essen gibt, dem gibt Gott zu essen von den Früchten des Paradieses. Und welcher Muslim auch immer einem anderen Muslim, der Durst hat, zu trinken gibt, dem gibt Gott, der Mächtige und Majestätische, zu trinken vom versiegelten reinen Getränk« (nach Abū Dawud, 818–888).

Dieser Grundethos ist im Islam dadurch institutionalisiert worden, dass es eine Pflichtabgabe *(zakāt)* gibt. Auch für den Islam gilt, dass die Beziehung zu Gott nicht lösbar ist von der Beziehung zu anderen Menschen. Verantwortung für andere und die eigenen Güter teilende Solidarität kennzeichnen den wahren Muslim ebenso wie den wahren Juden oder Christ.

Die Zakāt (= Reinheit, Lauterkeit) ist dabei nicht freiwillig, sondern für alle Muslime, die sie leisten können, verpflichtend, eine Art religiöser Steuer, der Kirchensteuer in Deutschland ähnlich. Allerdings wird die Zakāt nur in Saudi-Arabien, Malaysia, Pakistan und wenigen anderen Ländern vom Staat eingezogen, meist übernimmt dies die örtliche Moscheengemeinde oder eine halbstaatliche Agentur (Iran, Indonesien). Dann erscheint die Zakāt aber eher als freiwillige Spende, der man sich auch entziehen kann. In den Moscheengemeinden gibt es Verwalter der Zakāt, welche die eingenommenen Gelder oder in bäuerlichen Strukturen auch Naturalien verteilen.

Grundsätzlich ist die Zakāt vom Almosen zu unterscheiden, welches dem Muslim zusätzlich zur Abgabe empfohlen wird. Der Koran formuliert: »Ihr werdet nicht Frömmigkeit erlangen, ehe ihr von dem spendet, was ihr liebt. Und was immer ihr spendet, Gott weiß es« (Sure 3,92). Diese Empfehlung ist als deutliche Mahnung in Form einer Gottesrede gestaltet: »Spendet von dem, was wir euch gegeben, bevor einen von euch der Tod ereilt und er sagt: ›Mein Herr, wenn du mir eine Frist gewährtest für eine kurze Weile nur, gäbe ich Almosen und wäre einer der Rechtschaffenden.‹ ... Gott ist sehr wohl unterrichtet über das, was ihr tut« (Sure 63,10f.).

Ein Almosen kann jedem Notleidenden gewährt werden; für die Zakāt sind jedoch in Sure 9,60 acht Gruppen von Empfängern aufgeführt:

- die Armen,
- die Bedürftigen,
- diejenigen, die sich um sie kümmern (= die Verwalter der Zakāt), die damit ihren eigenen Lebensunterhalt bestreiten können,
- diejenigen, deren »Herzen vertraut gemacht werden«, das sind zum Islam Konvertierende, die manchmal durch ihre Herkunftsfamilie oder -gesellschaft benachteiligt werden; auch die Finanzierung islamischer Mission (etwa durch Verteilen von Koranen) fällt darunter,
- für die Sklaven – Freikauf und Unterhalt,
- für die Verschuldeten,
- für die auf dem Weg Gottes *(fī sabīli llāh)*, diejenigen, die sich für die Sache Gottes einsetzen, ein in den medinischen Suren des Korans häufig genannter Begriff, der auch die Kämpfer für den Islam umfassen kann, diejenigen, die in den Dschihad (vgl. Seite 126) ziehen,
- für die Reisenden, also zur Finanzierung der Gastfreundschaft.

Die Zakāt hatte in der traditionellen Gesellschaft Arabiens zu Mohammeds Zeiten und hat teilweise auch in heutigen Gesellschaften die Aufgabe, eine soziale Sicherung für alle Mitglieder der Gesellschaft durchzusetzen. Wo es in den alten Kulturen des Orients und auch heute in manchen Ländern keine sozialen Sicherungssysteme wie Rentenversicherung, Krankenversicherung, Sozialhilfe etc. gab und gibt, konnte und kann die Zakāt einen sozialen Ausgleich schaffen. Nicht allein durch unsichere Almosen, sondern durch eine dauerhafte Institutionalisierung der Hilfsmaßnahmen erhalten auch Kranke, Behinderte, Witwen, Waise, auf unterschiedliche Weise in

Not geratene Menschen das Nötigste zum Lebensunterhalt. Das ist ein positiver Effekt islamischen Rechts. Die Missionierungsbemühungen durch Spenden zu finanzieren, ist auch im Christentum und im Buddhismus üblich. Die Finanzierung islamischer Kämpfer dagegen erscheint heute fragwürdig, wo sich auch islamistische Gewalttäter als Randgruppe des Islam darauf berufen. Doch muss daran erinnert werden, dass der Kampf für den Islam zumindest in der Anfangszeit in Medina eine Selbstverteidigung gegenüber der Übermacht Mekkas war. Allerdings sollte der Islam heute in diesem Punkt eine Klärung vornehmen und sich nicht von Terroristen vereinnahmen lassen, deren Handeln zu den Begriffen Solidarität und Hilfe im Widerspruch steht.

Wallfahrt *(hadsch)*

Alle Religionen kennen Pilgerfahrten, Wallfahrten, Prozessionen, also eine Bewegung allein oder in Gemeinschaft aus religiösen Gründen. Dabei geht es den Pilgern weniger um körperliches Tun und physische Anstrengung (wie etwa beim Pilgern auf den Jakobswegen durch Europa, beim Besteigen der heiligen Berge Chinas oder auf den japanischen Pilgerwegen), sondern um eine innere Haltung. Pilgern ist ein Hinausgehen aus dem Gewohnten in die Fremde – das Wort *Pilger* kommt vom lateinischen *perigrinus* und meint »fremd, ausländisch, aus der Fremde stammend«. Der Pilger ist auf einem Weg und auf der Suche nach seinem Ziel. Pilgern ist ein spirituelles Tun, eine geistige Haltung, die sich körperlich ausdrückt: Pilgern geschieht dort, wo der Glaube laufen lernt.

Der Pilger macht sich auf einen Weg hin zum Fremden und letztlich zum Göttlichen, das er sowohl auf dem Weg wie auch bei meist genau festgelegten Ritualen am Ziel tiefer erfahren will. Der Pilger strebt die Begegnung mit Gott an, er will durch sein Tun Gott zur Mitte seines Lebens machen; dazu ist er mit Leib und Seele unterwegs.

Die Ziele der Pilger in den Weltreligionen sind in der Regel unterschiedliche Kultstätten, herausragende Orte der Gottesbegegnung, wo bereits früher Menschen die Erfahrung einer besonderen Nähe Gottes gemacht haben. Durch den Weg und das Ritual am Ziel wird der Alltag unterbrochen und ein Mensch geöffnet für eine vertiefte Gotteserfahrung – so kann er gestärkt seinen Rückweg in sein alltägliches Leben antreten, oft tief verändert durch die spirituellen Erfahrungen.

Die Pilger machen sich aus unterschiedlichen Motivationen auf den Weg. In der Regel ist es eine freie Entscheidung, nur im Islam ist – einzig unter den Religionen – der *Hadsch*, die Wallfahrt nach Mekka, vorgeschrieben. Oft liegt die Motivation zum Pilgern in der Suche nach physischer wie psychischer Heilung, an manchen Pilgerorten künden Votivgaben von erfolgten Heilungen. Auch kann der Aspekt der Buße und Umkehr im Vordergrund des Pilgerns stehen. Viele aber pilgern auch aus Dankbarkeit oder aufgrund eines Gelübdes.

Pilgern ist zuerst immer die Entscheidung eines Einzelnen, doch wird auf dem Weg und vor allem in den gemeinsamen Ritualen am Ziel auch die Gemeinschaft der ebenfalls Suchenden und Glaubenden sichtbar. Dies geschieht besonders bei »Großereignissen des Pilgern«, wie es am Ende des Jakobsweges in Santiago de Compostela, bei dem Hadsch in Mekka oder bei der hinduistischen Kumbh Mela in den vier Zielorten der Fall ist. Dorthin, zur größten Pilgerfahrt der Welt kommen bis zu hundert Millionen Menschen, aber auch bei dem Hadsch sind es jedes Jahr etwa 2,5 Millionen. Pilgern baut auf einem Gemeinschaftsgedanken auf (etwa Volk Gottes im Judentum und Christentum, Umma im Islam, Sangha im

Buddhismus). Pilgern ist ein Wechselspiel zwischen allein und gemeinsam, Individualität und Sozialität.

Pilgern ist ein spirituelles Wandlungsprogramm, das, ausgehend vom bisherigen Lebensweg, durch die religiöse Erfahrung am Pilgerort neue Horizonte erschließt, den Glauben festigt, Hoffnung und Kraft gibt. Dies geschieht in den Religionen auf unterschiedliche Weise. Im Folgenden kann ein Blick nur auf die drei vorderorientalischen Religionen geworfen werfen, die viel intensivere Pilgerpraxis der süd- und ostasiatischen Religionen kann hier nicht bedacht werden.

Das *Judentum* kannte in der alten Zeit bis zur Zerstörung des Jerusalemer Tempels im Jahr 70 n. Chr. vor allem die drei jährlichen Wallfahrten zum Tempel: »Ich freute mich, als man mir sagte: ›Zum Haus des Herrn wollen wir ziehen‹« (Psalm 122,1). Zentraler Ort des Judentums war (und ist) die Stadt Jerusalem und war als heiligste Stätte der Jerusalemer Tempel, der von König Salomo etwa 960 v. Chr. ein erstes Mal errichtet, im 6. vorchristlichen Jahrhundert zerstört, in kleinerer Form nach dem Exil wieder errichtet und schließlich von König Herodes etwa zur Zeitenwende prachtvoll wieder aufgebaut wurde. Der Tempel war gleichsam das Herz des alten Judentums; an den drei Festen Pessah, Schawuot und Sukkot pilgerte man aus dem ganzen Land dorthin. *Pessah*, ursprünglich ein nomadisches Fest von Kleintierhirten, erinnerte dabei an den Auszug des Volkes Israel aus Ägypten, an die Ursprungserzählung der Volkswerdung. *Schawuot*, ursprünglich ein Erntedankfest anlässlich der ersten Weizenernte, erinnerte an den Bundesschluss Gottes mit seinem Volk am Sinai. *Sukkot*, das Laubhüttenfest, ursprünglich ein Erntedankfest am Ende der Erntezeit erinnerte an den Weg des Volkes hin zum Heiligen Land, bei dem es von Gott geführt wurde – ein Sinnbild für die Führung Gottes auch zu anderen Zeiten. Auch nach der Zerstörung des Tempels gibt es jüdische Pilgerfahrten aus aller Welt nach Jerusalem (zur Klagemauer, dem Rest des alten Tempels) oder nach Hebron zum Grab Abrahams.

Das *Christentum* kennt eine Fülle von Pilgerzielen. Zuerst sind die Fahrten ins Heilige Land zu den Stellen zu nennen, an denen Jesus gewirkt hat, besonders nach Jerusalem, dem Ort des Leidens (Gang der Via Dolorosa entlang), Sterbens und Auferstehens Jesu (Grabes- beziehungsweise Auferstehungskirche). Hinzu kommen Pilgerwege zu den Wirkungs-, Sterbe- oder Erinnerungsorten der Apostel (etwa Petrus und Paulus in Rom, Matthias in Trier, Jakobus in Santiago de Compostela, Thomas in Chennai) und zu Orten an denen Maria besonders verehrt wird (Lourdes, Fatima ...).

Der *Islam* kennt vor allem den Hadsch nach Mekka; der schiitische Islam fügt dem auch Pilgerfahrten zu Orten der Imame hinzu (vor allem im Irak nach Kerbala zum Grab des dritten Imam Husain ibn Alī und nach Nadschaf zum Grab von Alī selbst). Im sunnitischen Islam gibt es neben dem Hadsch vor allem in Nordafrika, aber auch in Zentralasien und in Indien Pilgerfahrten zu den Grabstätten von muslimischen Heiligen. Doch keine dieser Fahrten kommt dem Hadsch gleich, nirgendwo konzentriert sich muslimischer Glaube so sehr wie beim Hadsch, der fünften Säule des Islam. Der Weg nach Mekka, zur Masdschid al Harām (Heiligen Moschee) und darin zur Kaaba ist der Weg zur spirituellen Mitte des Islam – die Kaaba symbolisiert Gott selbst. Durch das siebenmalige Umkreisen der Kaaba macht der muslimische Pilger Gott selbst und seine Weisung zur Mitte seines Lebens – körperliche und geistig-religiöse Bewegung gehen ineins.

Verschiedene Suren des Korans gehen auf die für Muslime verpflichtende Wallfahrt nach Mekka ein, etwa Sure 3,96f.: »Das erste Haus, errichtet für den Menschen – das ist in Mekka –, gesegnet und eine Rechtleitung für die Welten ... Gott hat den Menschen auferlegt, die Pflicht zu pilgern zum Hause, soweit sie es vermögen.« Sure 2,158ff. gibt konkrete Anweisungen für die Pilgerfahrt, vor allem aber tun dies viele Hadithe. Sure 2,198f. nennt als muslimische Motivation des Pilgerns: »Gedenkt Gottes bei der Niederwerfungsstätte, der reinen ... Bittet Gott um Vergebung, siehe, Gott ist der unübertrefflich Vergebende, der Barmherzige.« Der Hadsch soll demnach die Glaubenden zu einer tieferen Beziehung zu Gott führen, auch zur Umkehr von falschen Wegen und zur Neuausrichtung des Lebens entsprechend der Rechtleitung durch Gott.

Anders als die Pilgerfahrten in anderen Religionen ist der Hadsch nicht nur verbindlich vorgeschrieben, sondern auch genau strukturiert, sein Ablauf ist präzise festgelegt (s.u.). Doch bedeutet dies keineswegs ein nur rein äußerliches Geschehen, die spirituelle Dimension ist vorherrschend. Das vorgegebene Ritual soll dem oft nicht gebildeten Pilger eine Leitlinie vorgeben, anhand derer er sich den inneren Reichtum des Hadsch und dadurch seines Glaubens erarbeiten kann. Dabei geht es um Erinnerungen an altes, legendäres Geschehen, wie etwa den Weg zur Quelle Zamzam, der die Suche von Hagar, der in die Wüste vertriebene Magd Abrahams, und ihrem Sohn Ismael nach Wasser »nachspielt«, aber dadurch die Erfahrung der Rettung durch Gott sinnenfällig erfahrbar macht. Ähnliches gilt für andere Elemente des Hadsch.

Die Wallfahrt nach Mekka geht wahrscheinlich auf altarabisches, vorislamisches Brauchtum zurück – Mekka war für die Stämme der arabischen Halbinsel der zentrale Kult- und Wallfahrtsort, die Kaaba der Ort der Verehrung der vielen Götter und Göttinnen. Mohammed gliedert Mekka in den Jahren 629–630 in sein medinisches Reich ein, säubert dabei die Kaaba von den alten Götterstatuen und deutet die Wallfahrt dorthin im Sinne seiner neuen monotheistischen Religion um – ein Vorgang, den auch aus anderen Kulturen bekannt ist, wenn eine neue Hochreligion die alten ablöst.

Mekka, wichtiger ist der Abschiedstawāf am Ende: Dies ist der spirituelle Höhepunkt des Hadsch. Danach kehrt man in seinen Alltag zurück oder reist nach Medina weiter.

- Die Pilger laufen dreimal zwischen den Hügeln Safā und Marwa hin und her und gelangen dann zur Quelle *Zamzam*, die an die Wassersuche von Hagar und Ismael erinnert, trinken aus der Quelle und erfahren damit die Barmherzigkeit Gottes wie die beiden vorbildlichen biblisch-koranischen Gestalten. Menschen leben aus der Barmherzigkeit Gottes – das Wasser ist Symbol dieses von Gott geschenkten Lebens.
- Die Pilger wandern zum 25 km von Mekka entfernten Berg Arafāt und sprechen auf dessen Spitze das Pilgergebet *(labbaik)*: »Ich stehe vor dir, Gott, es gibt neben dir keinen, ich stehe vor dir. Dein sind Lob und Segen und alle Herrschaft, es gibt keinen neben dir.« Der Berg ist wie in vielen Religionen Ort einer besonderen Gotteserfahrung ebenso wie die Wüste, in der die Pilger danach übernachten. Das ist neben dem Abschiedstawaf der zweite spirituelle Höhepunkt eines Hadsch.
- Pilgern bedeutet immer auch Neuorientierung des Lebens und Zurücklassen von leidvollen und mit Schuld behafteten Vorgängen. Dies wird symbolisch durch die zehn Kilometer von Mekka im Tal von Minā vorgenommene »Steinigung des Teufels« deutlich gemacht. Die Pilger warfen früher sieben (Vollkommenheitszahl) Steine auf eine Säule, heute wegen der vielen Pilger auf eine Steinwand. Dieses Ritual bedeutet eine Absage an das Böse und Buße für eigene Schuld.
- Am zehnten Tag des Hadsch findet das islamische Opferfest *id ul-adhā* statt, das an Abraham, den Stammvater auch muslimischen Glaubens (Abraham, der «erste Muslim«, der erste Gottergebene) erinnert. Abraham (Ibrahim) war

dazu bereit, seinen erstgeborenen Sohn Ismael (islamische Sicht, Isaak jüdisch-christliche Sicht) zu opfern, wenn dies als Zeichen der Ergebung in Gottes Willen notwendig wäre. Islamisch wird dieser Vorgang als Glaubensprüfung des Abraham verstanden. Zum Opferfest vgl. Seite 171).

Der Hadsch ist mit dem Opferfest beendet Doch wer von den Pilgern kann, bleibt noch einige Tage in Mekka und betet in der Heiligen Moschee oder er reist weiter nach Medina zur dortigen Prophetenmoschee.

Der Hadsch ist nicht nur eine grundlegende Forderung an alle Muslime, die dabei körperlich wie spirituell deutlich werden lassen, dass sie sich Gott mit ihrem ganzen Leben ergeben. Er symbolisiert auch den Lebensweg eines Glaubenden und verweist auf die künftige Reise ins Jenseits, wo Gott ein Urteil über den Lebensweg eines Menschen sprechen wird. Ein Hadith Mohammeds (Nr. 2199 nach Khoury) bewertet den Hadsch wie folgt: »Die mit Frömmigkeit vollzogene Wallfahrt bringt als Lohn nichts weniger als das Paradies.«

Gemeinschaft

Der Koran mit seiner Botschaft und das Leben des Propheten Mohammed sind in eigenen Veröffentlichungen behandelt worden (vgl. die Angaben auf Seite 22); im Folgenden wird es um das Leben in der Umma, in der muslimischen Gemeinschaft gehen. Von verschiedenen Seiten her wird die muslimische Gesellschaft beleuchtet, auch werden kontrovers diskutierte Themen angesprochen und erläutert wie die Rolle der Frau im Islam oder das Thema religiös begründete Gewalt. Vor allem aber soll in diesem Kapitel deutlich werden, dass für Muslime Glaube und Gesellschaft unlösbar zusammengehören und der Glaube mit seiner Botschaft und Traditionen beständig auf alle Bereiche des alltäglichen Lebens einwirkt – stärker als dies etwa im heutigen Christentum der Fall ist.

Frömmigkeit

Der Begriff *Frömmigkeit* wird heute in der westlichen Kultur seltener als früher verwandt und hat manchmal zudem einen abwertenden Beigeschmack. Doch bedeutete er ursprünglich Nutzen, Tüchtigkeit, Rechtschaffenheit, Gehorsam gegenüber den Ordnungen des Lebens. Erst ab dem 17. Jahrhundert wurde das Wort mehr mit der Ehrfurcht vor dem jenseitigen Gott in Verbindung gebracht, von dem der Mensch in allem abhängig ist (vgl. die Frömmigkeit im Pietismus). Frömmigkeit ist nun die bewusste Hinwendung zu einem religiösen Glauben in verschiedenen Formen der Praxis eines solchen Glaubens: Gebet, Gottesdienst und Verantwortung für den Nächsten. Frömmigkeit erstreckt sich in christlichen Gruppierungen über die ganze Bandbreite von weltabgewandter Innerlichkeit bis zu bewusster Übernahme von Verantwortung für die Welt aus religiöser Motivation heraus. Frömmigkeit kann pervertiert werden in rein äußerliche Gesetzesfrömmigkeit (vgl. die Vorwürfe Jesu gegen die Schriftgelehrten), in rein privates Tun ohne Bezug auf andere Menschen, in Kulthandlungen ohne Bezug zur Lebenswirklichkeit einer jeweiligen Gesellschaft. Doch bleibt Frömmigkeit, richtig verstanden, eine Tugend des Gläubigen, weil sie ihn zu einer Antwort auf Gottes Wort und zu einem gerechten und solidarischen Leben führt.

Eine solche Frömmigkeit, die sich für Juden und Christen aus der Bibel ergibt, folgt im Islam aus grundlegenden Forderungen des Korans. Dabei wird meist der Begriff Rechtleitung verwandt, der den Ausgang echter Frömmigkeit von Gott her sieht (Stichwort: Vorherbestimmung des Menschen durch Gott) und ebenso wie bei Juden und Christen als Antwort des Gläubigen auf Gottes Offenbarung versteht. Frömmigkeit ist im Islam die fromme Tat, durch die ein Mensch weniger innerlich als nach außen hin sichtbar seinen Glauben ausdrückt (Sonderfall Sufismus, Seite 99). Aus einer inneren Absicht heraus, entsprechend Gottes Willen zu handeln, folgt das äußere Handeln, folgen nützliche und rechtschaffene Taten.

Ein deutlicher Ausdruck einer so zu verstehenden muslimischen Frömmigkeit folgt etwa aus Sure 2,177: »Nicht ist Frömmigkeit, wenn ihr euer Angesicht wendet nach Osten oder Westen *[als Richtung eines rein äußerlichen Gebetes ohne Konsequenz im Leben des Betenden]*. Vielmehr ist Frömmigkeit, dass man an Gott glaubt, den Jüngsten Tag, die Engel, die Schrift und die Propheten, dass man das Geld – obwohl man es liebt – für den Verwandten, den Waisen, den Armen, den Reisenden, den Bettlern und für die Sklaven hergibt, dass man das Gebet verrichtet und entrichtet die Armenspende.«

In diesem Passus sind drei der fünf Säulen des Islam aufgeführt (Glaubensbekenntnis, Gebet, Abgabe). Damit wird deutlich, dass die fünf grundlegenden Forderungen des Islam – Fasten und Wallfahrt sind zu ergänzen – zugleich den inneren Kern muslimischer Frömmigkeit ausmachen. Zugleich wird sichtbar, dass es auch im Islam eine Verbindung von Gottes- und Nächstenliebe gibt, die nicht nur die Bibel, sondern auch den Koran auszeichnet. Im weiteren Verlauf der Sure 2 werden auch die fromm genannt, die in Situationen von Not, Leid und Gewalt geduldig bleiben (Vers 177b), vor allem aber die, die gottesfürchtig sind (Vers 189b). Gottesfurcht und Rechtleitung gehören zusammen – die Ausrichtung eines Menschen auf Gott hin und zugleich das Befolgen der Anweisungen Gottes für ein solidarisches und gerechtes Leben.

Beides, der Blick eines Menschen auf Gott und auf seinen Nächsten, gehört zur Gottesfurcht und zum wahren Glauben. Sure 98 ist in Medina im Blick auf die Auseinandersetzung mit den Christen geschrieben, welche dem einen und einzigen Gott weitere Personen beigesellen (Jesus, Maria). Nach einer Warnung, dies zu tun, wird in der Sure ab Vers 5 klar formuliert, was zum richtigen Glauben gehört: »... es wird nichts anderes befohlen, als zu dienen Gott, aufrichtig in der Religion, reinen Glaubens, das rituelle Gebet zu verrichten und zu geben die Almosen, denn dies ist die Religion, die beständige ... Diejenigen aber, die glauben und Gutes verrichten, sind die besten Geschöpfe ... Gott hat an ihnen Wohlgefallen, und sie haben an ihm Wohlgefallen.« Wiederum werden der Glaube an den einen Gott und das Verrichten guter Werke aneinander gebunden und als grundlegende Weisung für jeden Glaubenden (nicht nur für Muslime, auch für Christen) angesehen.

Was im Koran nur in allgemeinen Grundsätzen formuliert wird, findet sich in den Hadithen in konkreteren Aussagen. Dort findet sich nicht nur die Goldene Regel (vgl. Matthäus 7,12: »Alles, was ihr also von anderen erwartet, das tut auch ihnen!«): »Niemand von euch ist wirklich gläubig, bis er seinem Bruder das wünscht, was er sich selbst wünscht« (Hadith 6, Sammlung Khoury). Auch werden Glaubensbekenntnis und Hilfe für Notleidende in Beziehung gestellt: »Der Glaube besteht aus über siebzig Teilen. Der beste davon ist zu sagen: Es gibt keinen Gott außer Gott. Und der geringste davon ist, aus dem Weg zu räumen, was den Menschen Leid zufügt« (Hadith 12).

Innerhalb der Umma gibt es sogar einen Rechtsanspruch auf die Hilfe eines anderen Muslim. Hadith 2679 führt dazu auf: »Das Recht des Muslims beim Muslim enthält sechs Dinge: Wenn du ihm begegnest, begrüße ihn; – wenn er dich ruft, antworte ihm; – wenn er dich um Rat bittet, gibt ihm einen Rat; – wenn er niest, wünsche ihm Gesundheit; – wenn er krank ist, besuche ihn; – wenn er stirbt, folge ihm bei seiner Beerdigung.« Hier und in anderen Hadithen klingen teilweise die geistlichen und leiblichen Werke der Barmherzigkeit in christlicher Tradition an – geistliche Werke: die Unwissenden lehren, die Zweifelnden beraten, die Trauernden trösten, die Sünder zurechtweisen, den Schuldnern verzeihen, die Lästigen geduldig ertragen, für Lebende und Verstorbene beten; leibliche Werke: Hungrige speisen, Obdachlose beherbergen, Nackte bekleiden, Kranke besuchen, Gefangene besuchen, Tote begraben, Almosen geben.

Was rechte Frömmigkeit angeht, so gibt es zwischen Judentum und Christentum auf der einen und Islam auf der anderen Seite viele Parallelen – er zeigt sich ein Weltethos der Religionen, eine Frömmigkeit, die den Gläubigen gleich welcher Religion zu guten Werken antreibt.

Mystischer Islam (Sufismus)

Alle Religionen kennen in verschieden starker Ausprägung mystische Strömungen, oft sind sie allerdings am Rand der institutionalisierten Religion angesiedelt. *Mystik* (griechisch *myein* = die Augen schließen; *mystikos* = geheimnisvoll; lateinisch *mysterium* = Geheimnis, Verborgenes) meint in vielen religiösen Richtungen das Bemühen um eine Einheitserfahrung, die die eigene Person mit etwas Größerem (Kosmos, Gott, göttliche Kraft ...) verbindet, ja verschmilzt, beziehungsweise sich der grundlegenden und bereits vorhandenen Einheit von Gott, Welt, Mensch bewusst wird. Mystik ist somit ein religiöses Erleben jenseits von Strukturen, Ritualen und äußerlichen Vorgaben der Religionen; vielmehr geht es der Mystik um ein inneres Erleben des Göttlichen und die Erfahrung der Einheit. Die mystische Erleuchtung kann von psychischen Erscheinungen begleitet werden (Ekstase, Trance, Vision, Traum), muss es aber nicht. Intensive Meditationsformen gehören in der Regel vorbereitend zu mystischen Erfahrungen dazu.

Der Begriff Mystik taucht in der Bibel nicht auf, auch in späteren Zeiten sprach man im Christentum eher von Kontemplation (Versunkenheit in Gottes Wort und Werk unter Zurückstellung der eigenen Person und ihres Willens). Dennoch hat es im Judentum (Kabbala: das Ewige schon hier erleben) und stärker im Christentum (Meister Eckhart, Johannes Tauler, Frauenmystik [Hildegard von Bingen, Mechthild von Magdeburg ...]) immer wieder mystische Strömungen und große Mystiker gegeben. Diese wurden allerdings oft von der Amtskirche wegen ihrer nicht von der Institution steuerbaren Erfahrungen misstrauisch betrachtet oder gar verfolgt.

Auch im Islam gibt es mystische Strömungen, die dort meist als *Sufismus* (arabisch *tasawwuf*) bezeichnet wird. Der Name kommt vom Wort *sūf* = Wolle, weil viele Sufis in ihrer bedürfnislosen und asketischen Lebensweise einfache Wollkleidung getragen haben und sich damit gegen die Oberschicht in feineren Stoffen durchaus provokativ absetzen wollten. Ebenso ist auch eine Ableitung des Namens vom arabischen *safā* denkbar, das »rein, unverfälscht« bedeutet. Darunter verstehen Sufis die Abkehr (Reinigung) von Aberglaube und religiöser Unkenntnis und die Hinwendung zu ihrem innerlichen religiösen Erlebnis, welches sich nicht von äußerem religiösen Tun beeinflussen lässt. Innerhalb des Sufismus gibt es auch den Namen *Derwisch* (persisch *darwīsch*), der von der Wortbedeutung »Armer, Wanderer, Bettler« einen asketischen Mönch bezeichnet, der von Tür zu Tür (*dar* = Tor, Tür) wandert und um Gaben bittet (vgl. Bettelorden im Christentum, Sadhu im hinduistischen Raum, Bettelmönch bei den Buddhisten). Gemeint ist in diesen unterschiedlichen religiösen Kontexten in ähnlicher Weise: Der Mensch erkennt seine Armut gegenüber Gottes Reichtum.

Tanzende Derwische des Mevlevi-Ordens, Konya, Türkei

Damit ist ein Hinweis gegeben für die innere Haltung des Sufismus: Es geht um einen spirituellen

Lernprozess: Der Sufi bemüht sich, seine eigene Person, seinen Egoismus zu bekämpfen; das Ego muss ausgelöscht werden, damit Platz gewonnen wird für Größeres. Dieser Kampf des Sufi ist kein äußerer Kampf gegen irgendwelche Feinde, sondern eine innere Anstrengung (vgl. Seite 137 zu *dschihad*), ein Einsatz für die Sache Gottes. Höchstes Ziel ist die mystische Auflösung des Ichs in Gott selbst, das Eingehen in die Einheit und das Geheimnis Gottes. In der poetischen Bildersprache des Sufismus wird dieser Weg oft mit Liebe ausgedrückt: Der Liebende (der Sufi) macht sich auf einem vierfachen Weg hin zum Geliebten (Gott): das Zurückstellen und schließlich das Auslöschen der sinnlichen Wahrnehmung durch Meditation; die Aufgabe individueller Wünsche (Armut); ein Sterben des Ego bereits vor dem Tod; das Eingehen in Gott selbst und die endgültige Auflösung in Gott. Dieser vierfache Weg ähnelt durchaus den süd- und ostasiatischen Meditationsformen: Mystiker können sich über ihren spirituellen Weg über die Religionen hinweg verständigen – die äußere Form der jeweiligen Religion mit all ihren Traditionen und Lehren spielt für sie eine geringere Rolle.

Deshalb auch sind für Sufis die herkömmlichen Ausdrucksweisen des Islam von geringer Bedeutung; auch die ja aufgrund von Machtfragen zustande gekommene Trennung von Sunna und Schia ist für sie bedeutungslos. Die fünf Säulen des Islam und die daraus folgenden Pflichten wie fünfmaliges Gebet und Hadsch können hilfreich sein, sind aber gegenüber dem spirituellen Weg zweitrangig. Gleiches gilt von Moscheebesuch, Koranlesung, Fasten im Ramadan. Weil Sufis diese äußeren Formen muslimischer Religionsausübung geringschätzen oder sogar teilweise ablehnten, wurden sie in der Geschichte des Islam immer wieder vom orthodoxen Islam blutig verfolgt, manche wie Mansūr al-Hallādsch (857–922) hingerichtet.

Waren es zuerst nur Einzelgänger, welche die religiöse Strömung des Sufismus entwickelten, so wurden ab dem 12. Jahrhundert zunehmend auch sufistische Ordengemeinschaften *(tarīqa)* gegründet. Die im Westen bekannteste dieser Tarīqa ist der vom Dichter Dschalal ad-Din Rumi (1207–1273) gegründete Mevlevi-Orden (auch Mevlana, Maulānā), der im heute türkischen Konya entstand – damals die Hauptstadt des Kleinasien beherrschenden Turkvolkes der Rum-Seldschuken. Die Mevlevi werden auch die »tanzenden Derwische« genannt, weil sie ihren spirituellen Weg durch einen für Außenstehende rätselhaften Drehtanz vollziehen: In langen weißen Gewändern, darüber einen schwarzen Umhang, auf dem Kopf ein topfförmiger Hut betreten sie die Tanzfläche: der schwarze Umhang symbolisiert Tod und Grab, der Hut den Grabstein – sie sterben der Welt, um zu Tieferem zu gelangen. Deshalb wird der schwarze Umhang abgelegt, wenn der eigentliche Drehtanz beginnt. Die rechte Hand ist nun dem Himmel zugewendet, die linke der Erde – der tanzende Derwisch ist Mittler zwischen Himmel und Erde: Der von Gott kommende Segen wird an die Lebewesen der Erde verteilt. Flötenmusik und Trommelrhythmus begleiten den lang andauernden Tanz, bei dem die Tänzer immer mehr in eine religiöse Ekstase hineingleiten und so ihren mystischen Weg vollziehen.

Die Ordensgemeinschaften der Sufis werden von einem Scheich (arabisch *schaich* = Ehrentitel für einen weltlichen oder religiösen Führer, in Iran *pīr*) geleitet, der die tägliche Meditation anleitet. Der Scheich ist der spirituelle Führer, die Lernenden (die »Wollenden« = *murīd*) unterwerfen sich seiner Weisung. Dabei üben die Tarīqa mit unterschiedlichen Methoden; der Drehtanz der Mevlevis ist nur eine der vielen Formen. Atemübungen, Körperhaltungen, Meditation im Raum der Stille, Besinnung auf Koranverse und vieles andere mehr ermöglichen die Einheit mit Gott.

Ihre täglichen Übungen nennen Sufis *Dhikr* (arabisch = Gedenken, auch *dhikr allāh* = Gedenken Gottes). Damit greifen sie Koranverse auf, die vom Gedenken Gottes sprechen, etwa Sure 7,205: »Und gedenke deines Herrn in deiner Seele in Demut und Furcht, ohne lautes Wort am Morgen und am Abend.« Oder in Sure 13,28: »[Gott leitet recht] die, die glauben und deren Herzen im Gedenken Gottes ruhen – ja, im Gedenken Gottes ruhen die Herzen.« Dieses Gedenken an Gott und auch an die 99 bekannten Gottesnamen führt den Sufi zur Erkenntnis, dass im tiefsten Herzen eines jeden Menschen ein göttlicher Funke verborgen und damit die innere Einheit mit Gott möglich ist.

Diese Einheit lässt die Liebe Gottes zu den Menschen erkennen: Wer glaubt und den spirituellen Weg des Sufismus geht, der gelangt nicht nur zur inneren Ruhe und zur Abwendung von allem Egoismus, sondern der ist zudem in der Liebe Gottes geborgen. Die Liebe Gottes wird im Koran nur selten explizit ausgedrückt, meist ist – in nahezu identischer Bedeutung – von der Barmherzigkeit Gottes die Rede, so in Sure 3,30bf.: »Gott ist mild zu seinen Dienern. Sag *[Aufforderung an den Propheten]*: ›Wenn ihr liebt Gott, dann folgt mir, damit euch liebt Gott und euch vergibt eure Vergehen. Gott ist der unübertrefflich Vergebende, der Barmherzige.‹« Dschalal ad-Din Rumi versteht die Liebe als konstituierendes Element des gesamten Kosmos: »Was ist zu tun, ihr Muslime? Denn ich erkenne mich selbst nicht. Ich bin nicht Christ, nicht Jude, nicht Parse, nicht Muslim. Ich bin nicht vom Osten, nicht vom Westen, nicht vom Land, nicht von der See ... Mein Ort ist das Ortlose, meine Spur ist das Spurlose; es ist weder Leib noch Seele, denn ich gehöre der Seele des Geliebten.« Der Geliebte aber ist Gott selbst. Wenn der Mensch die Liebe pflegt, dann kann er in Harmonie mit Gott und den Menschen leben – das ist der Kern des Sufismus.

Fundamentalistischer Islam

Gegenüber der Innerlichkeit des Sufismus, des mystischen Islam, sind die verschiedenen Formen eines fundamentalistischen, islamistischen und extremistischen Islam der Gegenpol. Dazwischen befindet sich die größte Gruppe der Muslime, die friedlich und mehr oder weniger intensiv ihre Religion ausüben wollen. Doch in den Medien der westlichen Welt tauchen die Fundamentalisten (gleich ob islamistisch, christlich, ultraorthox-jüdisch, nationalistisch-hinduistisch oder nationalistisch-buddhistisch [wie in Myanmar]) in weit höherem Maß auf, als es ihre Zahl und ihr Einfluss innerhalb der jeweiligen Religion erwarten lässt. Sie zielen durch Gewalt und Attentate bewusst auf eine intensive Wahrnehmung ihrer Richtung in der Öffentlichkeit. Oft ergibt sich dabei ein Bild, das besonders den Islam mit Gewalt, Terror und Krieg gleichsetzt. Und in der Tat stehen viele Krisenregionen unserer Welt mit dem Islam in einer gewissen, aber jeweils näher zu erläuternden Verbindung: der gesamte Vordere Orient, Teile der Sahelzone (etwa Mali), Ostafrika mit Sudan und Somalia, Nigerias Norden mit der islamistischen Terrorgruppe *Boko Haram* (= Westliche Bildung ist Sünde), die südphilippinische Insel Mindanao, der Süden Thailands, zudem die spannungsgeladene Situation in Indien – immer sind Muslime betroffen, als Täter und meist auch als Opfer. Denn die meisten Opfer islamistischen Terrors sind Muslime.

Das Thema Islam und Gewalt muss differenzierter beurteilt werden, als es meist geschieht. Die Bilder einzelner terroristischer Anschläge überdecken die ganze Fülle und den geistigem Reichtum des Islam und das friedliche Leben bei weitem der meisten Muslime. Auch darf nicht übersehen werden, dass sich oft genug die höchsten islamischen Gelehrten explizit gegen Gewalt ausgesprochen haben (so etwa 2007 ein Offener Brief von 138 muslimische Gelehrten aus allen islamisch regierten Ländern, in dem sie auf der Grundlage des Korans gegen Gewalt und für einen ehrlichen Frieden argumentieren, oder 2014 der Offene Brief von 120 Gelehrten an al-Bagdhadi, den damaligen Anführer des Islamischen Staates, in dem dessen Terror in aller Schärfe verurteilt wird).

Dennoch: Es ist nicht zu bestreiten, dass der Islam ebenso wie Christentum, Judentum und nahezu alle Religionen eine Gewaltgeschichte hat. Diese begann – anders als im Christentum – bereits beim Religionsstifter: Mohammed war eben nicht nur Prophet, sondern in Medina auch Staatsoberhaupt und damit entsprechend der damaligen Welt zugleich militärischer Anführer. Als Oberhaupt von Medina war er im Jahr 622 letztlich verantwortlich für die gewaltsame Vertreibung beziehungsweise Vernichtung der drei jüdischen Stämme Medinas, denen Illoyalität und mangelnde Beteiligung an der Verteidigung der Stadt gegen die Übermacht der zu diesem Zeitpunkt feindlichen Mekkaner vorgeworfen wurde. Die Einigung der arabischen Stämme noch unter Mohammed und die Entstehung des islamischen Reiches nach ihm waren ebenfalls begleitet von militärischer Gewalt – mit dem »Schwert Allahs« (heute noch in der Fahne Saudi-Arabiens sichtbar) wurden Nordafrika, der Vordere Orient, Zentralasien und Teile Südasiens unter muslimische Herrschaft gestellt. Das Christentum hat eine – durchaus vergleichbare Gewaltgeschichte, kann sich dabei aber anders als der Islam nicht auf Jesus, seinen Ursprung, berufen. Der *Dschihad* (vgl. Seite 137) wird von einigen Muslimen durchaus als Aufforderung verstanden, die Religion, falls erforderlich, auch mit Gewalt zu verbreiten, als totalen Krieg gegen die Ungläubigen.

Es ist hier nicht der Ort, die Gewaltgeschichte des Islam im Einzelnen aufzuführen, der meist eine Gewaltgeschichte von Christentum, Hinduismus etc. gegenüberstand, sodass man sich in einer Spirale der Gewalt befand. Vielmehr sollen hier die Strömungen von Fundamentalismus, Islamismus und deren konkrete Ausformungen von Salafismus, Wahhabismus und Islamischer Staat von der Innenseite her bedacht werden, von ihren inneren Antrieben und Motivationen.

Fundamentalistische Strömungen sind in nahezu allen Religionen und gesellschaftlichen Gruppen zu verzeichnen. Sie blicken – und dies ist zuerst keineswegs als negativ zu werten – zurück auf ihren Ursprung, auf das »Fundament« ihrer Bewegung. Die am Anfang entstandenen Grundsätze ihres Glaubens, die am Anfang vorherrschende Lebensweise, die am Anfang geltenden Gebote, Regeln und Bräuche werden dann allerdings absolut gesetzt und als unveränderlich angesehen – damit wird der Anfang in seiner konkreten Form zum nur zu reproduzierenden Modell auch für Leben und Glauben in völlig anderen Kontexten. Ohne Reflektion auf je neue zeitliche, kulturelle, wirtschaftliche und politische Bedingungen, die in der Menschheitsgeschichte einer ständigen und heute immer schneller werdenden Veränderung unterworfen sind, ist der Ursprung der unbedingte und nicht wandelbare Maßstab für alles danach Kommende. Insofern sind fundamentalistische Strömungen in den Religionen eine zutiefst beharrende, konservierende Ausprägung der jeweiligen Gemeinschaft. Fundamentalisten prägt ein nicht hinterfragbares Festhalten an den Grundsätzen des Anfangs. Kompromisslosigkeit, unbeirrtes Festhalten an althergebrachten Grundsätzen und dem Ursprung, damit verbunden auch eine Trennung zwischen denen, die diese »reine Lehre bewahren« und denen, welche »die Wahrheit durch Neuerungen relativieren« – all das führt in der Folge zu Ausgrenzung, Gewalt und Terror.

Fundamentalisten prägt, dass sie nicht in einen korrelativen Prozess eintreten, der die überlieferte Glaubensbotschaft mit dem Leben von heute in seinen jeweiligen Ausprägungen und Bedingungen verbindet und in einer Gegenseitigkeit aufeinander einwirken lässt. Die Tradition erscheint ihnen als einfordernde Bestimmung, die in einer Totalherrschaft durchgesetzt werden muss – jeder Kompromiss ist Schwäche, jede Anpassung Verrat an der Wahrheit, jeder ergebnisoffene Dialog zwischen unterschiedlichen Denkweisen oder Religionen eine Verletzung des Glaubensgehorsams und damit als Sünde zu bekämpfen. Es geht den Fundamentalisten um eine Totalherrschaft ihrer auf die (oft idealisierte) Vergangenheit bezogene Lehre nicht nur im religiösen Bereich, sondern auch im staatlich-gesellschaftlichen Leben. In dieser Gewalt fördernden Unbedingtheit sind Fundamentalisten eine Plage der Menschheit und eine Gefahr für den Frieden – gleich in welchem religiösen und gesellschaftlichen Kontext.

Es gibt neben vielen sich aus konkreten Situationen ergebenden Faktoren einer Förderung von Gewalt vor allem fünf Ursachen der Gewalt, die hier nur kurz aufgeführt werden können*: die im Menschen verwurzelte Aggressivität, ein Angriffsverhalten, das zur Selbstverteidigung, aber auch zur Ausweitung des eigenen Raums dient; die Angst, zu kurz zu kommen und damit verbunden der Versuch, sich gewaltsam Raum zu verschaffen; die Abgrenzung von anderen und daraus folgend die Ausgrenzung Andersdenkender und Andershandelnder; der Anspruch, Macht vom Himmel zu haben und das Denken, in seinem Glauben und Handeln von Gott legitimiert und im alleinigen Besitz der Wahrheit zu sein; die Entwicklungsverweigerung dadurch, dass Veränderungen

* Näheres in: Hermann-Josef Frisch, Heiliger Krieg oder Friede auf Erden. Von der Gewalt in den Religionen, Kevelaer 2017

nicht nur nicht zur Kenntnis genommen, sondern bekämpft werden.

Was konkrete Ausprägungen eines solchen Denkens im islamischen Bereich betrifft (für andere Religionen muss dies ebenso geschehen), so lässt sich dies bereits in der Zeit der ersten vier Kalifen (vgl. Seite 41) erkennen. Bereits dort gibt es Strömungen, die allein das Denken und Handeln Mohammeds als verbindliche Handlungsanweisung verstehen – die Sammlung der Hadithe (vgl. Seite 31) zeigt dies ebenso auf wie etwa die Betonung der allmählich entstehenden Schia, der Kalif/Imam müsse allein aus der Familie Mohammeds stammen, also in der Nachfolge Alīs stehen. Auch fördert das muslimische Verständnis des Korans, dass der Wortlaut nicht nur unveränderlich sei (das gilt für die Bibel auch), sondern auch ohne jede Zeitbedingtheit zu verstehen ist, also nicht auf neue Situationen hin angewandt werden kann, eine fundamentalistische Denkweise. In der Neuzeit ist – oft bedingt durch den berechtigten Widerstand gegen die kolonialistische Unterdrückung islamischer Völker beziehungsweise gegen die oft empfundene kulturelle Dominanz des Westens (»Cocacolaisierung der Welt«) – eine kompromisslose Infragestellung westlicher Werte und eine Rückbesinnung auf die islamischen Werte und Lebensweisen des Anfangs zu erkennen.

Dies bedeutet: Absolutsetzung des Islam und der Weisungen des Korans als Lebensordnung für alle und als Ordnung auch für Staat und Gesellschaft (deshalb eine Theokratie wie in Iran); nicht das Volk ist Souverän der gesellschaftlichen und staatlichen Ordnung, sondern Gott beziehungsweise sein im Koran geoffenbartes Wort (deshalb eine Ablehnung demokratischer Strukturen); eine homogene Lebensweise, bei der jede individuelle Abweichung fanatisch bekämpft werden muss (deshalb Kampf gegen Abweichler ebenso wie gegen »Ungläubige« und ein hartes religiöses Strafrecht).

Aus solchen Denkweisen ergibt sich der *Salafismus* (von arabisch *salaf* = vorausgehen, Vorfahren, Altvordere). Damit sind im islamischen Raum die Gefährten Mohammeds gemeint, die zusammen mit dem Propheten die islamische Lebensweise gründeten. Die *Salafiyya* meint in der Neuzeit (ab etwa 1880) eine ultrakonservative Gruppierung, die rückwärtsgewandt und ohne Anpassung an die moderne Welt ihr Leben gestalten wollen. Damit rücken sie in die Nähe zu militanten Gruppierungen, müssen aber keineswegs notwendigerweise Gewalt gegen Ungläubige befürworten. Dennoch wollen Salafisten durch ihre Rückbesinnung auf die muslimischen Werte und Lebensweisen des Anfangs (also auf das 7. Jahrhundert) ein islamisches Reich ermöglichen, in dem allein der Islam eine Existenzberechtigung hat und alle Lebensbereiche bis in konkrete Einzelweisungen hinein bestimmt. In Deutschland fielen Salafisten besonders durch Aktionen in großen Städten auf, bei denen sie Koranausgaben verteilten.

Der *Wahhabismus*, der auf Muhammad ibn Abd al-Wahhāb (1702–1792, Saudi-Arabien) zurückgeht, versteht sich als reine und strenge Form des Islam und lehnt jede kulturelle Anpassung des Islam ab. Er kann als vormoderne und auf Saudi-Arabien bezogene Form des Salafismus bezeichnet werden und ist gekennzeichnet durch rigorose Ablehnung von Schia und Sufismus, von Verehrung muslimischer Heiliger (etwa durch Wallfahrten zu Gräbern und Mausoleen) und von an Magie grenzendem religiösem Volksbrauchtum (etwa die Böses abweisende »Hand der Fatima«).

Das Terrornetzwerk *Al-Qaida* steht dem Wahhabismus nahe; von den 19 Attentätern des 11. Septembers 2001 (World Trade Center, New York) stammten 15 aus Saudi-Arabien. Auch der Gründer von Al-Qaida, Osama bin-Laden (1957–2011) kommt aus einer wohlhabenden saudischen Familie. Al-Qaida bedeutet »eine feste Basis (zur Verbreitung des Islam)«; seine Mitglieder kämpfen mit extremer Gewalt und durch Terroranschläge darum, den Islam zu verbreiten.

Weithin ist Al-Qaida in den letzten Jahren durch den *Islamischen Staat (IS)* abgelöst worden, der seine Basis in den Kriegen im Irak und im syrischen Bürgerkrieg gewinnen konnte, inzwischen aber dezentral weltweit Attentate durchführt, auch in Deutschland. Hier wird das Ziel eines fundamentalistischen und salafistischen Terrors deutlicher sichtbar, weil die Gründung eines islamischen Staates mit einem Kalifen (Statthalter) an der Spitze über mehrere Jahre im irakisch-syrischen Gebiet Erfolg hatte. Im Jahr 2014 verkündete der Anführer des IS, Abū Bakr al-Baghdādī, seine Erhebung zum Kalifen und damit zum politischen und religiösen Oberhaupt des Islam. Dieser Anspruch wurde von den meisten Muslimen weltweit mit Empörung zurückgewiesen (vgl. oben den Brief der islamischen Gelehrten).

Fundamentalismus steht überall in der Versuchung, zur Durchsetzung seines Zieles einer »reinen Religion« zu Gewalt zu greifen. Immer wieder entstehen kleinere Gruppierungen mit durchaus charismatischen, aber fanatischen Anführern, die in eine Gewaltspirale hineinkommen und ohne Rücksicht auf Personen handeln. Jede Gesellschaft – unabhängig von der religiösen Orientierung ihrer Mitglieder – muss solche Bestrebungen bekämpfen. Religionsfreiheit, wie in den westlichen Ländern oft durch die Verfassungen garantiert, bedeutet keine Offenheit für propagierte und ausgeübte Gewalt.

Die Stellung der Frau

Dass Religionen in den jeweiligen kulturellen, gesellschaftlichen und durch Traditionen bestimmten Kontext eingebunden sind, zeigt nahezu überall die Stellung der Frau innerhalb der Religionen. In den traditionell patriarchalisch geprägten Gesellschaften des Vorderen Orients, in dem die abrahamitischen Religionen Judentum, Christentum und Islam entstanden sind, war die Rolle der Frau weithin auf das Haus und die Kindererziehung beschränkt; Entscheidungen trafen (und treffen) dagegen die Männer; in der Öffentlichkeit trat und tritt die Frau nur marginal in Erscheinung (in manchen Ländern dann zudem verschleiert).

Die marginalisierte Rolle der Frau ergibt sich bereits aus den Schriften der Bibel, die von Vätergeschichten (nicht Väter und Mütter) sprechen, die fast ausschließlich nur auf männlicher Propheten eingehen, die weithin aus männlicher Sicht formuliert sind – heute wird zunehmend eine geschlechtergerechte Sprache und Deutung der Bibel gefordert. Dies hatte und hat Auswirkungen auf die Gestalt des Judentums, in dem nur in der liberalen Richtung Rabbinerinnen möglich sind (die erste 1930 in Deutschland). Dieses jüdische Erbe bestimmt nach wie vor auch die beiden größten christlichen Konfessionen: In der katholischen wie den orthodoxen Kirchen ist das Weiheamt (Bischof, Priester, Diakon) allein den Männern vorbehalten; in den evangelischen Kirchen dagegen ist in diesem Punkt seit Mitte des 20. Jahrhunderts eine Wende eingetreten hin zu mehr Geschlechtergerechtigkeit. Auf die Zurücksetzung der Frau in den süd- und ostasiatischen Religionen (etwa (Hinduismus, Buddhismus, Sikhismus) kann hier nicht eingegangen werden – das Erscheinungsbild einer »männlichen« Religion ist aber auch dort nicht zu übersehen.

Der *Islam* reiht sich in diese Linie ein; das ist angesichts der vorislamischen arabischen Gesellschaft, aus der er entstanden ist, auch nicht verwunderlich. In dieser patriarchalisch ausgerichteten Gesellschaft sich bekriegender Stämme spielte die Frau nur im privaten Umfeld ihrer (Groß-)Familie eine Rolle;

nur selten haben sie öffentlichen Einfluss (etwa Mohammeds Frau, die reiche Händlerin Chadīdscha).

Wie stellt sich der Koran in dieser Frage auf? Er zeigt – wie die heiligen Bücher der Religionen meist – ein doppeltes Gesicht. Zum einen wird grundsätzlich davon gesprochen, dass Gott Männer wie Frauen geschaffen hat. Dabei erzählt der Koran die zweite Schöpfungserzählung der Bibel (Genesis 29 nach: »O ihr Menschen [ohne Unterschied], fürchtet euren Herr, der euch erschuf aus einer Seele [Adam] und erschuf aus ihr ihre Frau [Eva], der aus ihnen beiden vermehrt hat Männer, viele, und Frauen« (Sure 4,1). Gott achtet in gleicher Weise auf die Handlungen von Männern und Frauen: »[Gottesrede] Ich lasse kein Werk unter euch verloren gehen, das einer getan, Mann oder Frau« (Sure 3,195). Immer, wenn der Koran von Menschen, von Gläubigen, von den sich Gott Ergebenden spricht, sind Männer und Frauen in gleicher Weise gemeint, denn Gottes Barmherzigkeit – das Leitwort des gesamten Korans – gilt beiden ohne Unterschied.

Diese grundsätzliche Gleichheit wirkt sich auch auf die Umma, die muslimische Gemeinschaft, aus. Männer und Frauen sind den gleichen Geboten unterworfen, sie haben die gleichen religiösen Pflichten (vgl. die fünf Säulen), sie sollen sich gegenseitig Stütze und Beistand sein und im Glauben fördern: »Die gläubigen Männer und die gläubigen Frauen sind einander Beistand. Sie gebieten das Rechte, verbieten das Verwerfliche, verrichten das Gebet und entrichten die Armenspende und gehorchen Gott und seinem Gesandten« (Sure 9,71). Tugenden werden bei Männern und Frauen in gleicher Weise von Gott gewertet (Sure 49,13; 92,3ff.).

Doch der Koran zeigt auch ein anderes Gesicht. Zwar wird den Frauen – und das war in Arabien neu – nun auch ein einklagbares Erbe zugesprochen, doch nur die Hälfte dessen, was ein Mann erhält. Zwar können Frauen nun vor Gericht als

Zeugen auftreten – auch das ist neu –, aber ihre Zeugenschaft ist nur die Hälfte von der eines Mannes wert, weil immer das Zeugnis zweier Frauen gefordert ist. Frauen können sich in der Wirtschaft frei betätigen, doch geschah dies nur in Ausnahmefällen. Auch eine Betätigung in Politik und Kultur ist vom Koran aus nicht verboten, fand aber während der islamischen Geschichte nahezu nicht statt.

Schwerer wiegen dann diskriminierende Aussagen des Korans; besonders die umstrittenen Verse der Sure 4 haben Auswirkungen bis in die heutige Zeit: »Die Männer stehen den Frauen vor in Verantwortung, denn Gott hat begnadet die einen vor den anderen ... Ehrbare Frauen sind gehorsam ... Und die, deren Auflehnung ihr befürchtet: ermahnt sie, dann meidet sie im Ehebett, dann schlagt sie« (Sure 4,34). Es gibt zwar Hadithe Mohammeds, die das Schlagen von Frauen grundsätzlich ablehnen, aber der Koranvers, der rechtlich als Gotteswort höher steht, ist in seinen Auswirkungen nicht zu unterschätzen.

Trotz einiger anderer Akzentuierungen ist festzuhalten, dass die Rolle der Frau in der muslimischen Umma nahezu ebenso marginalisiert bleibt wie in den traditionellen Gesellschaften. Die Propheten und Gesandten sind Männer; im

Uigurische Frauen in Kashgar, China

Koran werden nur wenige Frauen genannt: Eva, Hagar, Miriam (Maria, vgl. Sure 19). Es gibt im Umfeld Mohammeds mit Chadīdscha und Aischa kraftvolle Frauengestalten, aber das erscheint in der gesamten Umma eher als Ausnahme. Der Bereich der Frau ist das Haus und die darin lebende Familie.

Im heutigen Islam hat sich daran nur teilweise etwas geändert. In vielen, auch muslimischen Ländern ist höhere Bildung für Frauen möglich, in anderen wie Afghanistan ist der Schulbesuch für Mädchen erneut infrage gestellt. In Bekleidungsfragen (vgl. Seite 159) gibt es in einigen Ländern (etwa Saudi-Arabien, Iran) für Frauen strenge Vorschriften einer Bedeckung. Weiterhin gibt es in streng traditionellen Gesellschaften (etwa bei den Paschtunen in Afghanistan und Nordpakistan) ein Einschließen von Frauen in den Häusern ihrer Männer. In Saudi-Arabien stehen Frauen lebenslang unter der Vormundschaft männlicher Familienangehöriger.

Bei solchen und weiteren Streitpunkten (etwa Beschneidung von Mädchen in ostafrikanischen Ländern) ist allerdings immer zu fragen, ob solche Frauen verletzenden oder einschränkenden Regeln auf die Religion zurückzuführen sind oder sich aus dem Festhalten an fragwürdigen gesellschaftlichen Traditionen ergeben. Zudem kann auch in westlichen Kulturen von einer vollständigen Gleichstellung der Frau noch nicht gesprochen werden; die meisten Fortschritte in dieser Frage sind dort erst im 20. Jahrhundert erfolgt. Es erscheint wichtiger, im Dialog mit dem Islam darauf Wert zu legen, dass die Veränderungen, die der Koran etwa im Erbrecht zugunsten der Frau vornimmt, nun aufgrund einer veränderten gesellschaftlichen Situation fortgeführt und über die koranischen Regeln hinaus erweitert werden müssen. Die Korrelation von Glauben und Leben bedarf je neuer Ansätze, um die Gleichheit aller Menschen, damit auch eine gerechte Würdigung der Frau in allen Belangen des Lebens zu erreichen.

Glaube, Gesellschaft, Staat

»Das diesseitige Leben ist gegen das jenseitige eine Nutznießung nur« (Sure 13,26, Asad: »ein flüchtiges Vergnügen«). Der Islam versteht ebenso wie die anderen Religionen als oberstes Ziel des Menschen nicht den Genuss der weltlichen Güter, sondern richtet den Menschen auf Gott und ein Leben im Jenseits aus, welches durch die Ergebenheit in Gott (= Islam) und eine Lebensweise entsprechend der Rechtleitung Gottes erreicht werden kann. Der Islam zeigt also wie die anderen Religionen eine Perspektive über diese Welt hinaus und warnt vor einer Bindung an das Diesseits: »Euch wird gewährt euer Lohn am Tag der Auferstehung ... Das diesseitige Leben ist Nutznießung nur, die betört« (Sure 3,185).

Dennoch muss die »Nutznießung« dieser Welt geordnet werden – dies gilt auch für islamische Gebiete. Oberste Regel dabei bleibt allerdings die unbedingte Unterwerfung unter Gottes Willen; dies gilt für alle Lebensbereiche, auch für Arbeit, Wirtschaft, Gesellschaft und letztlich den Staat. Stärker als andere Religionen erhebt der Islam den Anspruch, das gesamte individuelle und gesellschaftliche Leben bis ins Detail hinein zu regeln – nur eine ausgeprägt muslimische Gesellschaft kann die Ergebung in Gott in vollem Umfang vollziehen. Eine Unterscheidung zwischen profan (lateinisch = vor dem Heiligtum) und sakral (zum Heiligtum gehörend) kann es nach der Botschaft des Korans nicht geben: Alles, jeder Bereich menschlichen Lebens und jede Gemeinschaft, ist der Weisung Gottes unterworfen; die gesellschaftliche Ordnung und auch die Organisation des Staates sind von den religiösen Vorgaben aus zu gestalten.

Kann der Koran etwas zur heutigen Welt sagen? – Muslim mit Koran in der Kaisermoschee, Sarajewo, Bosnien-Herzegowina

Dieser oberste Grundsatz hat enorme Auswirkungen. Das ist schon daran erkennbar, dass streng gläubige Muslime oft mit der konkreten Ausprägung eines säkularen Staates und seiner religionspolitischen Neutralität Schwierigkeiten haben – mancher Konflikt etwa mit muslimischen Migranten beruht auf dieser unterschiedlichen Sicht einer säkularen oder einer religiös bestimmten Gesellschaft. Das wird aber vor allem in den streng muslimischen Ländern sichbar, in denen die aus der Tradition (etwa der Gesellschaft in Medina zur Zeit des Propheten) stammenden Regeln des Zusammenlebens ohne Veränderung übernommen und Änderungen aufgrund veränderter gesellschaftlicher, kultureller, wirtschaftlicher und politischer Situation verweigert werden.

Hinter dieser Vorstellung steht der Begriff *dār al-islām* (Haus des Islam, vgl.. Seite 37), der ein Gebiet, eine Gesellschaft, einen Staat unter muslimischer Herrschaft bezeichnet:

Hier wohnen und bestimmen Muslime; Nichtmuslime in einem solchen Gebiet sind *dhimmis* (Schutzbefohlene) mit geringeren politischen und oft auch wirtschaftlichen Rechten. Nur Juden und Christen (als Anhänger der mit dem Islam verwandten Buchreligionen) werden als Dhimmis bezeichnet (zudem das Volk der Sabier im Jemen). Dem dār al-islām, auch dār as-salām (Haus des Friedens) genannt, steht das *dār al-harb* (Haus des Krieges) gegenüber, Gebiete, die von Nichtmuslimen beherrscht werden und in denen der Muslim eigentlich nicht leben soll. Das Gebot, gegen solche Gebiete Krieg zu führen (vgl. zu Dschihad, Seite 137), wird heute von den meisten Muslimen differenzierter gesehen und nicht länger als militärischer Kampf (wie in der Eroberungssphase der ersten vier Kalifen) verstanden, sondern als Missionierungsauftrag, Menschen zum Islam und damit zur wahren Religion zu führen. Deshalb gibt es heute den Begriff »Haus des Vertrages« *(dār as-suhl)* oder »Haus der Sicherheit« *(dār al-aman)* für Länder mit Religionsfreiheit oder mit Ländern, in denen die Ausübung des Islam vertraglich geregelt ist.

Der Staat ist also nach muslimischem Verständnis keine neutrale Institution, sondern den Regeln und Geboten der Religion unterworfen. Zudem ist er auch verpflichtend der Hüter des Islam und aller gesellschaftlichen Regelungen, die sich aus der Religion ergeben. Der Staat mit seinen Gesetzen und Regelungen übersetzt gleichsam die Rechtleitung Gottes in das konkrete Leben jedes Einzelnen und jeder gesellschaftlichen Gruppe. Alle Vertreter des Staates, von den Kalifen der ersten Zeit bis zu eventuell gewählten Parlamenten der modernen muslimischen Gesellschaft, sind somit den Weisungen der Religion unterworfen – die Klerusherrschaft wie in Iran ist nur von da aus zu verstehen: Es ist eine Theokratie, bei der ein Religionsführer (zur Zeit der Ajatollah [»Zeichen Gottes«] Sejjed Alī Chāmene'i als Nachfolger von Ajatollah Ruhollah Mussawi

Chomeini) noch über dem gewählten Staatspräsidenten (zur Zeit Hassan Rohani) steht. In Saudi-Arabien versteht sich der König als oberster Herrscher des Landes und zugleich als Hüter der Religion und der heiligen Stätten Mekka und Medina.

Ein gewisser Gegensatz besteht im Islam auch zwischen den sich vor allem im 19. Jahrhundert entwickelnden Nationalstaaten (die im Vorderen Orient allerdings erst nach der Lösung von den Kolonialmächten im 20. Jahrhundert entstanden) und der Idee einer allen gesellschaftlichen Gruppen und damit auch den Staaten übergeordneten Umma (vgl. Seite 33). Hier lassen sich auch die bislang immer vergeblichen Versuche arabischer Länder der Moderne einordnen, einen die Nationalstaaten übergreifenden islamischen Staat zu bilden. Doch bleibt der Gegensatz von Nationalstaat und Umma letztlich dann bedeutungslos, wenn sich beide ausschließlich an Gottes Willen orientieren. Für Muslime ist deshalb die in Medina durch Mohammed entstandene Gemeindeordnung das nach wie vor entscheidende Modell, wie ein gesellschaftlich-staatliches Gefüge geordnet werden kann.

Die Grundmotivation für jedes gesellschaftliche und staatliche Handeln, die Koran, Hadithe und die muslimische Bewegung des Anfangs vorgeben, ist *Gerechtigkeit.* Wenn Gerechtigkeit verwirklicht wird, ist die konkrete Form einer staatlichen Verfassung letztlich zweitrangig. Der Islam gibt deshalb nicht irgendeine staatliche Form vor (etwa Monarchie, Demokratie ...), sondern verlangt von allen Verantwortlichen, dass sie die Gerechtigkeit kompetent und verantwortlich wahren. Deshalb sind im Islam auch Recht und Rechtsprechung die wesentlichen Elemente staatlichen Handelns – für die soziale Versorgung der Bedürftigen ist weniger der Staat verantwortlich, sondern diejenigen, die die Pflichtabgabe (*Zakāt*, vgl. Seite 82) verwalten. Gerechtigkeit und geordnete Rechtsprechung sind die Bedingungen eines muslimischen Staatswesens. Hinzu kommen – vom Einzelnen gefordert, weniger vom Staat – Solidarität mit den Armen.

Scharia – der Weg zum Leben

Wohl kaum ein anderer Begriff aus dem Umfeld des Islam ist im Westen ein solches Reizwort wie *Scharia*. Darunter wird ein unmenschliches Strafrecht verstanden, zu dem Steinigung bei Ehebruch, Enthauptung bei Abfall vom Islam, Amputation der Hände bei Diebstahl und andere Körperstrafen gehören. Auch strenge Regelungen des Ehe- und Zivilrechts werden unterschiedslos unter Scharia eingeordnet. Dass darauf mit Entsetzen und Empörung reagiert wird, ist verständlich. Und es ist weiterhin nicht zu bestreiten, dass es in einzelnen, fundamentalistisch ausgerichteten islamischen Staaten (allen voran Saudi-Arabien, aber auch Pakistan) solche Exzesse gibt. Allerdings darf man nicht vergessen, dass es auch im europäischen Mittelalter und bis in die Neuzeit hinein vergleichbare Körperstrafen und oft auch die Todesstrafe gab. In Deutschland wurde die Todesstrafe im Westen erst durch das Grundgesetz (1949) abgeschafft, in der DDR erst 1987; Bayern löschte den Passus seiner Landesverfassung erst 1998, Hessen bislang nicht. Was die Todesstrafe angeht, so sind heute neben Saudi-Arabien vor allem China und die USA die Länder mit den meisten Vollstreckungen. Körperstrafen und Misshandlungen gibt es auch außerhalb des islamischen Bereiches (etwa Prügelstrafe in Singapur, Folter durch die USA in Abu Ghuraib und Guantanamo). Dieser differenzierende Blick ist selbstverständlich keine Rechtfertigung staatlicher Gewalt in jeder Form, doch verhindert er eine einseitige Fixierung auf den Islam als »rückständige« Religion.

Was aber bedeutet *Scharia* wirklich. Das Wort leitet sich von den arabischen Konsonanten *š* + *r* + ' (' = ain) ab; als Substantiv *šarī'a* bedeutet es »Weg zur Quelle, zur Wasserstätte«. Das Verb *šara'a* bedeutet »die Richtung weisen«. Dies führte dazu, dass die Wortbedeutung von Scharia erweitert wurde auf das, was dem Leben eines Menschen die Richtung weist, deshalb auf Religion in ihrer Gesamtheit als Wegweisung und Rechtleitung Gottes. Der Begriff Scharia im Islam ist damit viel umfassender als nur einzelne Vorschriften des Strafrechts, sondern bedeutet umfassend das Gesetz des Gesetzgebers Gott *(šārī'a allah)* – der Koran, vor allem dann die Hadithe (zusammen Sunna) sind darin einbegriffen. Scharia ist deshalb muslimisch verstanden der Heilsweg, den Gott dadurch weist, dass er eine Rechtsordnung aufstellt, die dem Leben aller Menschen – individuell wie gesellschaftlich, auch staatlich – förderlich ist. In diesem Sinn ähnelt der Begriff dem jüdischen Verständnis der *tora* (hebräisch: Gebot, Weisung, Belehrung); mit Tora sind hier nicht nur die ersten fünf Bücher der Hebräischen Bibel gemeint, sondern die ganze Lebensordnung Israels, die in den Geboten dieser biblischen Schriften als Zeichen der Zuwendung und des Erbarmens Gottes zum Ausdruck kommt. Scharia ist damit kein einengendes Korsett, sondern der Weg des Muslim (des »sich Gott Ergebenden«) hin zu Gott selbst, so hat es der Münsteraner Theologe Mouhanad Khorchide formuliert (in: Scharia – der missverstandene Gott, Freiburg 2013, Seite 72).

Die parallele Bedeutung von Scharia und Tora wird auch dadurch deutlich, dass die einzige Stelle im Koran (Sure 45,16–18), in der das Substantiv *šarī'a* gebraucht wird, diese Verbindung aufzeigt (Übersetzung Asad): »Den Kindern Israels gewährten wir Offenbarung und Weisheit und Prophetentum; und wir bereiteten für sie Versorgung von den guten Dingen des Lebens [Erinnerung an Wüstenzug, vgl. das Buch

Exodus] ... Und wir gaben ihnen klare Hinweise auf den Zweck des Glaubens; ... [danach] begannen sie aus gegenseitiger Eifersucht, unterschiedliche Ansichten zu haben ... Schließlich [o Mohammed] haben wir dich auf einen Weg gebracht, durch den der Zweck des Glaubens *(šarīʿatin)* erfüllt werden mag: so folge du diesem Weg und folge nicht den Vorlieben und Abneigungen jener, welche (die Wahrheit) nicht wissen.« An dieser Stelle wird das Offenbarungsverständnis des Korans deutlich: Gott hat mehrfach Offenbarungen seines Urkorans (vgl. Seite 28) an die Menschen gesandt, also Wegweisungen, Rechtleitungen zu einem gelingenden Leben. Unter anderem geschah dies auch über den Propheten Mūsā (Mose) an das Volk Israel. Weil Israel aber diese Offenbarung verfälschte, wurden weitere notwendig: an Īsā (Jesus) und schließlich an Mohammed, den letzten der Propheten.

Unabhängig von einzelnen Ausdeutungen hat der Begriff Scharia also vorrangig die Bedeutung von »Weg zum Leben« durch die Rechtleitung Gottes und ist damit der Oberbegriff für muslimische Lebensgestaltung. Scharia ist zuerst einmal keineswegs ein juristischer Begriff, auch keine Gesetzessammlung oder Aufreihung von Geboten und Verboten, kein kodifiziertes Rechtssystem, sondern ganz allgemein Ausdruck des islamischen Glaubens und der islamischen Gottesergebung. Dies wird in der spätmekkanischen Sure 72,13ff. deutlich, in der die Grundlagen islamischen Glaubens aufgeführt sind: »Als wir die Rechtleitung hörten, glaubten wir an sie. Und wer an seinen Herrn glaubt, fürchtet weder Verluste noch Bedrückung ... Und die sind ergeben, bemühen sich um den rechten Wandel.« Glaube an Gott und rechter Wandel werden hier in eine unmittelbare Beziehung gesetzt.

Dennoch musste diese eher abstrakte Formulierung und grundsätzliche Aufforderung zum Glauben in der Geschichte des Islam konkretisiert werden und dies ist auf dem Hintergrund der jeweiligen Bedingungen von Raum und Zeit, von Gesellschaft und Kultur auch unterschiedlich geschehen. Denn die Einzelweisungen islamischen Rechts und muslimischer Lebensgestaltung, die sich aus der Scharia ergeben, sind keineswegs ein für alle Mal festgelegt. Scharia ist ein Lebens- und Rechtssystem im beständigen Wandel – das islamische Recht muss sich wie jedes andere Rechtssystem ständig an neue Herausforderungen anpassen. Dies aber ist nicht allein für den Islam, sondern auch für andere eher traditionell geprägte Religionen eine keineswegs leichte Aufgabe und gelingt sehr unterschiedlich. Deshalb finden wir im Islam wie in anderen Religionen eine Ungleichzeitigkeit: Einige Gebiete oder Gemeinschaften zeigen sich einem Aufbruch aufgrund neuer Anforderungen offener, andere beharren und verzögern Anpassungen – letztlich zum Nachteil ihrer Religion.

Was sind nun die Rechtsquellen, aufgrund derer die Scharia als nicht absolut festgelegtes, sondern wandelbares Rechtssystem bezeichnet werden kann? Zu nennen sind:

- der *Koran* als Gottes unmittelbares Wort: das bedeutet nicht nur die Berücksichtigung der vielen Einzelvorschriften, die in den 114 Suren enthalten sind, sondern vorweg das grundsätzliche Vertrauen auf den barmherzigen Gott (vgl. den Einleitungsvers jeder Sure), aus dem sich eine dem Willen Gottes gemäße Lebensgestaltung ergibt entsprechend Sure 22,78: »Müht euch ab um Gott in rechtem Abmühen! Er hat euch erwählt und euch nichts auferlegt, was euch in der Religion bedrängt.«
- die in *Hadithen* überlieferte *Sunna* als Erinnerungen daran, wie zur Zeit Mohammeds durch den Propheten und seine Gefährten diese Weisungen umgesetzt wurden. Daran wird auch ersichtlich, wie man zu neuen Entscheidungen über die Lebensgestaltung kam, wenn der Koran auf die jeweiligen Fragen keine Antwort gab.

Koran und Sunna bilden die Grundlage für weitere Entwicklungen. Dies sind vor allem:

- *Idschmā'*, der Konsens der muslimischen Rechtsgelehrten vor allem in der Zeit der Entwicklung der vier Rechtsschulen (vgl. Seite 54), der allerdings nie im Widerspruch zu Koran und Sunna stehen kann, sondern der diese grundlegenden Quellen schlüssig und nachvollziehbar erweitert.
- *Qiyās*, der Analogieschluss, eine Übertragung bisheriger Rechtsnormen auf ähnliche oder vergleichbare neue Situationen.

Weitere, aber nicht so bedeutende Quellen islamischen Rechts sind: »eine Sache für besser als eine andere halten«, der allgemeine Nutzen, Äußerungen oder Handlungen der Prophetengefährten, vor allen der vier rechtgeleiteten Kalifen, das Gewohnheitsrecht. Diese Aspekte werden allerdings in unterschiedlichen Richtungen des Islam verschieden gewichtet.

Entscheidend ist bei allen Quellen islamischen Rechts das Ziel einer Rechtleitung des Menschen entsprechend der Weisung Gottes, die aus der Offenbarung und den daraus abgeleiteten Schlüssen gefolgert wird. Dies bedeutet, dass die Lebenswirklichkeit des einzelnen Menschen, der Gruppierungen und Völker und Kulturen in den Blick genommen werden muss, um die Scharia, den Weg zum Leben, je neu anzupassen. Das sich ständig verändernde Leben von Menschen, das auch in unterschiedlichen Regionen und Kulturen verschieden sein kann, muss Auswirkungen auf die Formulierung der Einzelbestimmungen der Scharia haben. Es geht im Islam wie auch in anderen Religionen immer um die Korrelation von Glauben und Leben.

Der Begriff Korrelation meint nicht nur eine Wechselbeziehung, sondern in hohem Maß eine kritisch-produktive Wechselwirkung zwischen einer Glaubensüberlieferung und neuen Erfahrungen, also den ergebnisoffenen Dialog zwischen überliefertem Glauben und gegenwärtigem Leben, einen Prozess, der eine Religion und ihre Grundlagen je neu mit der Lebenswirklichkeit von Menschen und Gesellschaften verbindet. Denn die Offenbarung geschieht ja nicht im luftleeren Raum, sondern ist gebunden an konkrete Menschen (etwa Propheten, Gesandte und ihr Umfeld). Damit aber kann eine Offenbarung nur im Verständnishorizont dieser Menschen und ihrer geschichtlichen und kulturellen Bedingungen erfolgen. Ändert sich der Verständnishorizont – und dies geschieht notwendigerweise immer und überall, in unserer Zeit zudem immer schneller –, muss sich die Offenbarung auch in veränderten Weise ausdrücken. Damit werden keineswegs, wie von Fundamentalisten oft vermutet, die Grundlagen eines Glaubens aufgegeben, wohl aber wird überhaupt erst ermöglicht, dass sich ein Glaube auch in einer neuen Zeit und in einer neuen Kultur dem Menschen angemessen ausdrücken und vermitteln kann.

Diese Verbindung von überlieferter Offenbarung und gegenwärtiger Lebenswirklichkeit ist eine Herausforderung, der sich alle Religionen stellen müssen, wenn sie in einer sich verändernden Welt überleben wollen. Religionen mit streng vorgegebenem Dogma und seit langem festgelegten Strukturen und Rechtssetzungen tun sich dabei schwerer als Religionen (wie etwa der Shinto), die dies nicht kennen. Es bleibt also eine notwendige Aufgabe und zugleich enorme Herausforderung für den Islam (und ähnlich auch für Judentum und Christentum), nicht nur den Willen Gottes, sondern auch die Lebenswirklichkeit des Menschen als normgebend zu verstehen. Die Grundlagen zu einem solchen korrelativen Prozess bestehen in jeder dieser Religionen, der Widerstand dagegen ist ebenfalls bei allen ersichtlich. In diese Aufgabe sind auch regionale Ausprägungen des Islam einzuordnen (etwa die Forderung nach einem spezifisch europäischen Islam).

Recht und Rechtsprechung

Das islamische Rechtssystem wird *fiqh* genannt (arabisch: Einsicht, Verständnis) und nimmt ausgehend von den Grundlagen der Scharia (vgl. Seite 122f.) alle rechtlichen Einzelentscheidungen in eine Gesamtstruktur auf, die für Muslime verbindlich ist. Dieses Rechtssystem wird von Rechtsgelehrten *(faqīh)* erstellt, die über alle islamischen Gebiete verstreut sind. Es gibt – anders als etwa in der katholischen Kirche – keine zentrale oberste Rechtsfindungsstelle, kein zentrales Gesetzgebungsorgan, wohl aber einzelne Orte, wo die Rechtsfindung seit langer Zeit geschieht und die besondere Anerkennung gefunden haben (etwa in der Sunna die religiös geprägten Al-Azhar-Universität in Kairo, in der Schia die islamisch-theologische Hochschule von Ghom).

Die Rechtsgelehrten werden auch *ālim* (Plural *ulamā*) genannt. Dies bedeutet »der Wissende, der Kundige«. Ulamā genießen eine hohe Anerkennung, weil ihr Titel ālim eine Nähe zu einem der koranischen Gottesnamen (»der Allwissende«) anklingen lässt und weil ihre Arbeit zudem erheblich zur Gestaltung der inneren Struktur der islamischen Reiche (etwa Umayyaden, Abbasiden, aber auch in der modernen islamischen Republik Iran) beigetragen hat. Doch ist im Gegensatz zu den ersten Jahrhunderten in vielen islamisch geprägten Ländern der Moderne der Einfluss der Ulamā zurückgegangen – säkulare Systeme von Straf- und Zivilrecht haben meist Vorrang vor innerreligiösen Regelungen. In Saudi-Arabien und in Iran ist die Stellung der Ulamā dagegen unangefochten. In der Türkei gingen die Aufgaben der Rechtsgelehrten 1924 nach der Reform durch Mustafa Kemal Attatürk an das direkt dem Ministerpräsidenten unterstellte *Diyanet İşleri Başkanlığı* (Präsidium für Religionsangelegenheiten) über, das Imame (hier: Vorsteher einer Moscheengemeinde) ausbildet, an Moscheen der Türkei und anderer Länder (etwa Deutschland) aussendet und finanziert. Eine Unabhängigkeit dieser Personen vom türkischen Staat ist deshalb nicht gewährleistet.

Gerichtliche Entscheidungen werden im arabischen Raum vom *qadi* (Entscheider, Richter, türkisch und im deutschsprachigen Raum eher gebräuchlich: *kadi*) getroffen. Qadis war bis zum Ende des osmanischen Kalifentums im Jahr 1924 allein dem Kalifen (Stellvertreter, Statthalter) unterstellt. In der Neuzeit werden auch weltliche Richter als Qadi bezeichnet; in islamischen Ländern sollen sie allerdings in ihre Rechtsfindung die Prinzipien der Scharia einfließen lassen. Dabei sollen sie vorrangig auf einen Ausgleich (Mediation) und Aussöhnung der Rechtsparteien bedacht sein; erst wenn dies nicht möglich ist, sollen sie verbindliche Richtersprüche fällen, um den

Imam mit Studenten, Freitagsmoschee, Dehli, Indien

Rechtsfrieden innerhalb der Umma wiederherzustellen. Qadis folgen den Prinzipien der Rechtsfindung wie oben dargestellt (Seite 122f.).

Der Begriff *fatwa* ist vom Richterspruch zu unterscheiden, denn die Fatwa ist kein Gerichtsbeschluss, sondern ein Rechtsgutachten, welches auf eine Anfrage hin eine Sachlage beurteilt. Durch eine Fatwa soll ein Problem innerhalb der Umma, gleich ob religiöser oder rechtlicher Art, einer Lösung zugeführt werden. Eine Fatwa kann nur von einem Faqīh, einem Rechtsgelehrten, ausgesprochen werden; ein solcher Gutachter wird auch *mufti* genannt. Ein Gutachten eines Mufti hat aber – anders als das Urteil eines Qadi – keine Verbindlichkeit für alle Muslime und für die Beteiligten keine bindende Wirkung. Ihre Wirkung innerhalb der Umma ergibt sich aus der religiösen Autorität des Urteilenden (etwa eines Ajatollahs in der Schia).

Religionsfreiheit und Konversion

Religionsfreiheit ist im Zusammenhang mit der Gedanken-, Gewissens- und Meinungsfreiheit ein Grundrecht des Menschen, das darauf beruht, dass jeder Mensch an sein Gewissen gebunden ist und von seinen Gewissensentscheidungen her Verantwortung für sein Handeln übernimmt. Dies betrifft auch den religiösen und weltanschaulichen Bereich, also den Bereich seines Verhältnisses zur Transzendenz, gleich wie sie im Einzelnen in den Religionen definiert ist (Gott, die Götter, das Absolute ...). Über die Religionsfreiheit des Einzelnen hinaus muss auch die Religionsfreiheit von Gemeinschaften bedacht werden (also individuelle und kollektive Religionsfreiheit), da die Religionen immer auch eine gesellschaftliche

Dimension haben und der Einzelne in der Regel durch eine Einbettung in eine Religionsgemeinschaft seine Religion ausübt oder auch sich einer Religionsausübung in einem bestimmten gesellschaftlichen Rahmen verweigern kann.

Deshalb ist auch grundsätzlich zu unterscheiden zwischen positiver und negativer Religionsfreiheit. Die positive Religionsfreiheit meint das Bekenntnis zu einer Weltanschauung und Religion und die innerhalb dieser Religion freie Ausübung religiöser Kulthandlungen. Zur positiven Religionsfreiheit gehört nicht nur die Möglichkeit, ein bestimmtes religiöses Bekenntnis für sich als wahr anzusehen, sondern auch dieses Bekenntnis privat und öffentlich im Kult auszuüben. Die negative Religionsfreiheit meint dagegen die Akzeptanz, dass sich Menschen auch gegen eine bestimmte oder gegen alle Religionen entscheiden können, sei es, dass sie jeden Glauben an einen Gott ablehnen (Atheismus) oder dass sie jede mögliche Erkenntnis des Göttlichen verneinen (Agnostizismus).

Das Menschenrecht auf positive und negative, individuelle und kollektive Religionsfreiheit ist in verschiedenen völkerrechtlichen Erklärungen wiedergegeben, herausragend ist dabei die *Allgemeine Erklärung der Menschenrechte* der UNO von 1948, wo es in Artikel 18 heißt: »Jeder Mensch hat Anspruch auf Gedanken-, Gewissens- und Religionsfreiheit; dieses Recht umfasst die Freiheit, seine Religion oder seine Überzeugung zu wechseln, sowie die Freiheit, seine Religion oder seine Überzeugung allein oder in Gemeinschaft mit anderen in der Öffentlichkeit oder privat durch Lehre, Ausübung, Gottesdienst und Vollziehung eines Ritus zu bekunden.«

Vor allem die monotheistischen Religionen hatten und haben mit der Religionsfreiheit Schwierigkeiten, wenn es um Übertritte zu einer anderen Religion (verstanden als Abfall von der Ursprungsreligion) oder um Atheismus beziehungsweise Agnostizismus geht. In der katholischen Kirche wurde erst durch die (zudem von einigen Bischöfen abgelehnte) »Erklärung über die Religionsfreiheit« des Zweiten Vatikanischen Konzils im Jahr 1965 eine Wende eingeleitet. Darin wird in aller Deutlichkeit erklärt, dass »die menschliche Person das Recht auf religiöse Freiheit hat ... sodass in religiösen Dingen niemand gezwungen wird, gegen sein Gewissen zu handeln, noch daran gehindert wird, privat und öffentlich, als einzelner oder in Verbindung mit anderen ... nach seinem Gewissen zu handeln.«

Wie sieht dies im Islam aus? Im Jahr 1990 verabschiedete die Organisation der islamischen Konferenz (heute: der islamischen Staaten, d.h. 56 islamisch regierte Staaten oder mit islamischer Bevölkerungsmehrheit) die *»Kairoer Erklärung der Menschenrechte im Islam«* (vgl. auch Seite 134). Darin heißt es in Artikel 10 zur Religion: »Der Islam ist die Religion der reinen Wesensart. Es ist verboten, irgendeine Art von Druck auf einen Menschen auszuüben oder seine Armut oder Unwissenheit auszunutzen, um ihn zu einer anderen Religion oder zum Atheismus zu bekehren.« Allerdings werden alle Artikel dieser Erklärung durch den abschließenden Satz eingeschränkt und relativiert: »Alle in dieser Erklärung festgelegten Rechte und Freiheiten sind der islamischen Scharia nachgeordnet.« Dementsprechend sieht die Religionsfreiheit in islamischen Staaten sehr unterschiedlich aus: In konservativ und traditionell geprägten Staaten wie Saudi-Arabien, Pakistan und anderen steht auf Glaubensabfall vom Islam nach wie vor die Todesstrafe und wird gegebenenfalls auch vollstreckt. Andere Länder wie etwa Ägypten garantieren in ihren Verfassungen die Freiheit des Glaubens und des Bekenntnisses, allerdings immer in der Formulierung »Glaubensfreiheit«, nicht »Religionsfreiheit«. Dahinter steht die Auffassung, dass sich Glaube und Zwang ausschließen und nur der einzelne Mensch in Freiheit einen Glauben annehmen kann. Eine kollektive Religionsfreiheit mit freier Ausübung auch anderer Religionen als des Islam ist dabei allerdings nur selten impliziert.

Zu Mohammeds Zeiten und damit zur Zeit der Entstehung des Korans war die gesellschaftliche und religiöse Situation anders als heute. In Mekka gab es die vielen vorislamischen Kulte der arabischen Stämme, in Medina neben den beiden zum Islam konvertierten Stämmen zu Anfang auch drei jüdische Stämme. Ziel Mohammeds war die Einigung aller arabischen Stämme nicht nur politisch, sondern auch religiös unter dem neuen Glauben an den einen und einzigen Gott und der Hingabe (= Islam) jedes Menschen an diesen Gott.

Der Koran nimmt in mehreren Versen – allerdings nicht einheitlich – dazu Stellung: Mehrfach wird jeder Zwang in der Religion abgelehnt, bekanntestes Beispiel ist Sure 2,256: »Es gibt keinen Zwang in der Religion. Geschieden zeigt sich das Richtige vom Irrtum. Wer nun die Götzen leugnet und an Gott glaubt, der verfügt über eine feste Handhabe ...« Hier wird jeglicher Zwang zur Konversion zum Islam verweigert, wohl aber der Islam (aus islamischer Sicht) als der wahre Weg aufgezeigt; eine umgekehrte Konversion vom Islam zu anderen Religionen liegt außerhalb der Sichtweite dieses Verses.

Ähnlich auch Sure 10,99f.: »Wollte dein Herr, hätten alle auf der Erde geglaubt. Willst du die Menschen zwingen, Gläubige zu werden? Nicht glaubt einer, außer mit der Erlaubnis Gottes.« Hier wird die Entscheidung zu einer Religion so verstanden, dass sie von Gott selbst dem Menschen in sein Gewissen eingegeben wird. Aber (richtig) Gläubige sind auch hier allein die Muslime.

Realistisch erkennt der Koran in Sure 109 an, dass es unterschiedliche Religionen gibt und sich noch nicht alle Menschen dem einen Gott ergeben. Aber diese anderen, die Nichtmuslime, sind Leugner der Wahrheit, der gläubige Muslim muss sich von ihnen getrennt halten: »O ihr Leugner! Ich diene nicht dem, dem ihr dient ... Euch eure Religion und mir meine.« In Sure 5,48 dagegen werden unterschiedliche religiöse Wege aufgeführt und als Gottes Willen deklariert – dies ist aber eine Prüfung für die Rechtgläubigen: »Hätte Gott gewollt, hätte er euch gemacht zu einer Gemeinschaft, einer einzigen. Aber er wollte euch in dem prüfen, worüber ihr uneins wart. So wetteifert um die guten Dinge.«

Letztlich gibt es nur die eine Wahrheit – den Islam. Wohl aber mag leugnen, wer das will – er wird im Jenseits gerichtet werden, wie es Sure 18,29 zeigt: »So, wer will, der möge glauben, und wer will, der möge leugnen. Wahrlich bereitet haben wir für die Übeltäter das Feuer ...« Vor allem wird Apostasie (Glaubensabfall) verurteilt, so Sure 3,82: »Wer sich abwendet – das sind die Frevler.« Allerdings geschieht die Vergeltung erst im Jenseits durch Gott: »Die erst glauben, dann leugnen ... nicht wird ihnen Gott vergeben ... Verkünde den Heuchlern, dass sie erwartet eine Strafe, eine schmerzliche« (Sure 4,137f.). Auf Erden soll der Prophet (und damit die Umma) mahnen, nicht mehr: »Du bist ein Ermahner nur! Du verfügst nicht über sie« (Sure 88,21f.).

Zusammenfassend kann man sagen, dass es im Islam nur sehr eingeschränkt Religionsfreiheit im umfassenden und von UNO geforderten Sinn gibt. Eine Freiheit zur Konversion gibt es nur in Richtung zum Islam; ein Austritt aus der islamischen Glaubensgemeinschaft ist dagegen grundsätzlich nicht möglich, weil der Islam in muslimischer Sicht die wahre und von Gott geoffenbarte Religion ist, die einzige Wahrheit, die Heil bringt. Die konkrete Situation in den islamischen Ländern ist, was Religionsfreiheit angeht, umterschiedlich – von einem strengen Verbot anderer Religionen bis zu einer toleranteren Haltung. Eine Konversion vom Islam zu anderen Religionen wird aber überall abgelehnt und sanktioniert (vgl. dazu auch das Kapitel Islam und Religionen ab Seite 196).

Menschenrechte

Als Menschenrechte werden grundlegende individuelle Rechte verstanden, die universell und ohne jede Einschränkung gültig sind. Diese Rechte stehen jedem aufgrund seines Menschseins zu und können von keiner Instanz, auch nicht vom Staat und seiner Rechtsordnung bestritten oder begrenzt werden. Damit verbunden ist der Gedanke der grundsätzlichen Gleichwertigkeit aller Menschen, niemand darf durch Rasse, Abstammung, Geschlecht, Religion, sozialen Stand, politische Anschauung oder sexuelle Orientierung diskriminiert werden.

Die Menschenrechte haben unterschiedliche Wurzeln. Bereits in vorchristlicher Zeit gab es in Griechenland (Athen und Persien) erste Regelungen einer Gleichberechtigung der freien (männlichen) Bürger. Das jüdisch-christliche Menschenbild geht aufgrund seines Schöpfungsverständnisses ebenfalls von einer grundlegenden Gleichwertigkeit aller Menschen aus, was aber schwere Verstöße gegen die Menschenrechte in der christlichen Geschichte nicht ausschloss. Erst in der Neuzeit, im Aufbruch von Humanismus und Aufklärung (u.a. John Locke, Immanuel Kant), erfolgte – damals noch gegen christlichen Widerstand – ein Umdenken, welches 1776 zu der Benennung von unveräußerlichen Rechten (Leben, Freiheit, Glück) in der amerikanischen Unabhängigkeitserklärung führte. 1789 (französische Revolution) folgte die Erklärung der Menschen- und Bürgerrechte. Weitergehende und dauerhafte Bedeutung erhielten aber erst die 1948 durch die UN-Hauptversammlung verabschiedete *»Allgemeine Erklärung der Menschenrechte«* (UN-Menschenrechtscharta) und die 1950 verabschiedete Europäische Menschenrechtskonvention.

Zu den so verankerten Menschenrechten gehören die grundlegenden Rechte auf Leben und körperliche Unversehrtheit, die Freiheitsrechte (Meinungs-, Religions- und Versammlungsfreiheit), das Recht auf ein faires Gerichtsverfahren (Unschuldsvermutung, Rechtsschutz ...), das Recht auf Eigentum und die Unverletzlichkeit der Wohnung, Arbeit und gerechte Entlohnung, Bildung und Teilhabe am gesellschaftlichen und kulturellen Leben, zudem die Gleichberechtigung von Mann und Frau. Auch in westlichen Ländern sind diese Rechte nur unvollkommen verwirklicht.

Wie sieht die Situation im Islam aus? Bereits in der Abschiedspredigt Mohammeds, die er auf seinem letzten Hadsch nach Mekka 632 gehalten hat, heißt es: »O ihr Menschen! Genauso wie in diesem Monat, dieser Stadt und an diesem heutigen Tag verdienen euer Blut, eure Seelen, euer Recht auf Leben, eure Besitztümer, euer Anstand, eure Würde, eure Ehre und eure körperliche Unversehrtheit Respekt und Schutz und sind unantastbar bis zu dem Tag, an dem ihr euren Herrn treffen werdet.« Die Rechte eines jeden Menschen verdienen damit nach Mohammeds Ansicht den gleichen Respekt wie der Fastenmonat Ramadan, in dem der Sendung des Korans gedacht wird, und wie die heilige Stadt Mekka mit der Kaaba als spirituelles Zentrum des Islam.

Im Koran gibt es wie in der Bibel keine generelle Aussage zu Menschenrechten; das Thema und die Ausdrucksweise waren bei der Abfassung der heiligen Schriften nicht im Blick. Wohl aber wird – ebenfalls wie in der Bibel – an einigen Stellen auf einzelne Rechte verwiesen, etwa auf das Recht auf Leben und Eigentum. Das Leben eines Menschen ist unantastbar (Sure 4,29: »Nicht tötet einander!«), Betrug und Diebstahl werden verurteilt. Vor allem aber wird immer wieder deutlich, dass ein ethisch einwandfreies Leben sich nicht von säkularen Grundrechten her ableitet, sondern von der gerechten und ausgleichenden Rechtleitung durch Gott selbst – die Rechte eines jeden Menschen sind demnach nicht säkular zu begründen, sondern religiös.

Dies ist auch der Hintergrund der *»Kairoer Erklärung der Menschenrechte im Islam«*, die 1990 von der Organisation der Islamischen Staaten (vgl. Seite 129) verabschiedet wurde. Diese Erklärung wird als Antwort der damals 56 islamischen Staaten auf die (aus islamischer Sicht) westliche Formulierung der UN-Menschenrechtscharta verstanden. In dieser Erklärung gibt es eine Reihe von Paragrafen, die durchaus parallel zur UN-Erklärung gelesen werden können (etwa das Recht auf Leben, auf Rechtssicherheit, freie Meinungsäußerung ...). Doch geschieht die Begründung immer in religiöser Form unter Bezug auf Gott, etwa in § 1: »Das Leben ist ein Geschenk Gottes, und das Recht auf Leben wird jedem Menschen garantiert. Es ist die Pflicht des einzelnen, der Gesellschaft und der Staaten, dieses Recht vor Verletzung zu schützen, und es ist verboten, einem anderen das Leben zu nehmen, außer wenn die Scharia es verlangt.«

Damit wird eine grundsätzliche Einschränkung der allgemeinen Menschenrechte durch die Kairoer Erklärung deutlich, die auch in den beiden abschließenden Paragrafen 24 und 25 formuliert wird: »Alle in dieser Erklärung festgelegten Rechte und Freiheiten sind der islamischen Scharia nachgeordnet ...« Die allgemein vom Menschen her und säkular, nicht religiös formulierten und begründeten Menschenrechte, die in UN-Erklärung, in der Europäischen Erklärung und in vielen weiteren Konventionen (zu Flüchtlingen, Rassendiskriminierung, Kinderrechten, Rechten behinderter Menschen ...) vereinbart wurden, werden im islamischen Bereich in einer grundsätzlich anderen Sicht gesehen: Die Scharia ist solchen Rechten immer übergeordnet, weil sie der von Gott gewiesene »Weg zur Quelle« (vgl. Seite 120) und damit die einzig richtige

Rechtleitung und ethische Ordnung des Menschen darstellt. Die – zudem in einzelnen islamischen Ländern wie Saudi-Arabien – umstrittene Kairoer Erklärung muss daher als ein Gegenstück zu den UN-Vereinbarungen angesehen werden. Zudem ist in vielen islamischen Ländern die Situation der Menschenrechte kritisch einzuordnen – oft schränken autoritäre Herrscher, die sich als Schützer des Islam bezeichnen, die Rechte ein; ein unabhängiges Rechtssystem existiert nicht oder nur in nicht ausreichender Weise; Bürgerrechtsbewegungen werden oft brutal unterdrückt. Die Abschiedspredigt Mohammeds (s.o., als Hadith durchaus verbindlich) könnte allerdings eine Grundlage für eine Neubesinnung der menschenrechtlichen Situation im Islam sein.

Krieg und Frieden

Der Blick auf den Islam wird in der westlichen Öffentlichkeit oft verbunden mit den Stichwörtern Gewalt, Terror, Krieg – die Situation im Vorderen Orient, aber auch die von dort ausgegangene Welle von Terroranschlägen in westlichen Ländern scheinen ein ausreichender Beweis dafür zu sein. Allerdings wird dabei übersehen, dass westliche Mächte (etwa Amerika im Irak) oder auch Russland (in Syrien) nicht unschuldig an der blutigen Entwicklung waren und sind und von vielen Muslimen dort als feindliche Mächte angesehen werden (etwa auch in Afghanistan).

Doch man muss das Thema Krieg und Frieden grundsätzlicher betrachten. Alle großen Religionen kennen eine mehr oder minder starke Gewaltgeschichte, denn wo immer die Anhänger einer Religion die Macht in einem Staat übernehmen, geht es um Macht und Einfluss, auch um wirtschaftliche

Vorteile und anderes mehr. Es entsteht ein Gemengelage von Gründen, die zu innerstaatlicher Gewalt (etwa Bürgerkrieg in Syrien) oder Krieg zwischen Staaten (etwa im Jemen zwischen Saudi-Arabien und Iran) führen – die christliche Geschichte kennt eine Fülle ähnlicher Situationen. Gewalt und Krieg sind – geschichtlich gesehen – keineswegs ein Monopol einer Religion wie etwa des Islam.

Hinzu kommt, dass die heiligen Schriften dieser Religionen meist unscharf bleiben, was eine religiöse Motivation für Kampf betrifft. Natürlich gibt es Schriften, die Frieden in unbedingter Form propagieren (wie das Neue Testament mit der Forderung Jesu nach Gewaltlosigkeit oder die Schriften des Bahai-Gründers Bahā'ullāh). Andere Schriften (wie die Hebräische Bibel/das Alte Testament oder der Koran) kennen die Forderung nach Frieden zwar auch, zeigen aber durchaus ein Gewaltpotenzial auf: In der Bibel etwa sind die Bücher Josua und Richter, aber auch die Davidsgeschichte voller, zudem religiös begründeter Gewalt (weil Gott es so will, muss die Stadt [Jericho, Ai ...] zerstört und müssen alle Bewohner getötet werden). Ebenso gibt es im Koran Verse, in denen zum Kampf aufgerufen wird. Doch man muss genauer hinsehen:

Zuerst einmal sind manche Texte wie die der Eroberung Kanaans durch Israel rückblickende legendäre Texte; die Besitznahme Kanaans durch die israelischen Stämme verlief nach archäologischem Zeugnis als langsames Eindringen nomadischer Gruppen und damit anders, als in der Bibel geschildert. Andere Gewalttexte sind die Ohnmachtsfantasien unterdrückter Menschen. Dennoch bleibt, dass auch Gott selbst als rätselhafter Gott gezeichnet wird: Er ist nicht nur der gute Hirt, der treu sorgende König, sondern auch der Kämpfer, der Rächer, der schlagende Gott. Hier muss eine theologische Untersuchung ansetzen, was unter den vielen Aspekten Gottes eine durchgehende und übergeordnete Darstellung

Gottes ist. Dies ist unbestreitbar die Barmherzigkeit und Menschenfreundlichkeit Gottes – in gleicher Weise für Bibel und Koran.

Mohammed ruft vor der Schlacht von Badr im Jahr 624 die muslimischen Soldaten zum Kampf auf, osmanische Miniatur, 1388

Was aber ist nun mit dem von Muslimen geforderten *dschihad*? Wird vom Islam ein unbedingter und unbegrenzter Kampf gegen Ungläubige gefordert? Zuerst einmal: Dschihad bedeutet nicht »Heiliger Krieg«: Der Begriff Heiliger Krieg findet sich im Koran nicht, wohl aber im biblischen Buch Joël (4,9): »Ruft den Heiligen Krieg aus!«

Dschihad verweist auf eine erhebliche Anstrengung des Menschen, der sich mit all seinen Kräften für die Sache Gottes einsetzen soll. Damit ist zuerst aber keine Aktivität nach außen hin gemeint, kein äußerer Kampf gegen irgendwelche Feinde, sondern eine nach innen gerichtete Anstrengung, der Rechtleitung Gottes zu folgen, ein Einsatz für die Sache Gottes, die dann natürlich nach außen hin Auswirkungen hat (z.B. durch ethisch verantwortliches Leben, durch Hilfe für Bedürftige, durch Engagement in der Moscheengemeinde). Allgemein gesprochen ist Dschihad ein Einsatz für die Sache Gottes, der von jedem Muslim gefordert werden kann.

Einige Muslime und islamische Gruppen verstehen diesen inneren *großen Dschihad* auch als Kampf nach außen, um Unglauben und in der Folge auch Ungläubige zu bekämpfen *(kleiner Dschihad)*. Dabei berufen sich Gruppen (wie etwa der irakisch-syrische IS) auf Koranverse wie Sure 2,191a: »Und tötet sie, wo immer ihr sie trefft!« und ähnliche Verse in anderen Suren. Das ist allerdings in mehrfacher Hinsicht eine Fehldeutung: Zum einen muss man den Inhalt einzelner Verse (und das gilt für Koran wie für Bibel und andere Schriften) immer mit der Gesamtbotschaft einer Schrift in Verbindung bringen – die Leitlinie von Koran wie Bibel ist aber die Barmherzigkeit Gottes, nicht Gewalt. Zum andern muss die konkrete geschichtliche Situation eines Satzes beachtet werden – dies ist in Sure 2, der ersten in Medina geoffenbarten Sure, der Kampf der kleinen muslimischen Gemeinschaft gegen die mekkanische Übermacht (vgl. die Schlachten von Badr und Uhud). Der Vers ist also in die Situation der erlaubten Selbstverteidigung gesprochen.

Zudem darf man den Vers 191a nicht von seiner Fortsetzung isoliert betrachten. Denn es heißt im Zusammenhang (2,190–192): »Bekämpft auf dem Weg Gottes diejenigen, die euch bekämpfen, doch begeht keine Übertretung! ... Und tötet sie, wo immer ihr sie trefft, und vertreibt sie, von wo sie euch vertrieben ...Wenn sie aber euch bekämpfen, dann tötet sie. Das die Vergeltung für die Leugner [des Islam in Mekka]. Wenn sie jedoch aufhören, so ist Gott gewiss der unübertrefflich Vergebende, der Barmherzige.« Es geht also in dieser Sure nicht um eine allgemein gültige Forderung an Muslime, Krieg gegen die Ungläubigen zu führen, sondern um eine zeitgeschichtliche Situation der Selbstverteidigung der Muslime Medinas gegen die Übermacht Mekkas. In der Situation der Unterdrückung ist Selbstverteidigung erlaubt. Wenn aber die Gewalt beendet wird, soll der Muslim, so der letzte Hinweis des Verses, sich entsprechend dem Vorbild von Gott selbst dem Frieden durch Versöhnung zuwenden.

Selbst ein Modell der Gewaltlosigkeit, des gewaltlosen Widerstands gegen Aggression, ist im Koran zu finden: In der koranischen Erzählung von Kain und Abel (vgl. in der Bibel Genesis 4,1–16) zeigt sich Abel als gottesfürchtiger Muslim noch vor Abraham, wenn er zu dem ihn bedrohenden Kain spricht: »Wenn du nach mir ausstreckst deine Hand, um mich zu töten, werde ich nicht nach dir ausstrecken meine Hand, um dich zu töten. Ich fürchte Gott, den Herrn der Welten« (Sure 5,28).

Unmittelbar nach diesem Vers folgt ein allgemeiner Grundsatz menschlichen Handelns, der die Botschaft des Korans zusammenfasst: »Wenn einer tötet jemanden ... es soll sein, als hätte er getötet die Menschen, allesamt. Und wenn einer erhält jemanden am Leben: es soll sein, als hätte er erhalten die Menschen am Leben, allesamt« (Sure 5,32). Von dieser Regel gibt es allein die Ausnahme der Todesstrafe nach Mord oder für den der »Unheil auf Erden« stiftet, gleich wie man dies entsprechend der Scharia auslegt. Die Sure 5 ist eine spätmedinische Sure im Zusammenhang mit der Abschiedswallfahrt Mohammeds nach Mekka, kann also gleichsam als Testament und als Zusammenfassung der koranischen Botschaft verstanden werden und sollte von da aus eine erhebliche Relevanz für das Handeln von Muslimen auch heute haben.

In allen Religionen, auch im Islam, gibt es Gewaltpotenzial. Die heiligen Schriften Bibel und Koran aber zeigen in ihrer inneren Mitte durchaus eine Wende von der Gewalt zur Versöhnung, vom Krieg zum Frieden, vom Tod zum Leben. Diese Ausrichtung entsprechend der Rechtleitung eines barmherzigen Gottes muss von den Anhängern aller Religionen je neu umgesetzt werden. Keine Gewalt darf sich auf Religion berufen.

Kultur

Die bisher behandelten Grundlagen muslimischen Lebens stellen die Innenseite islamischen Glaubens dar. Im folgenden und den weiteren Kapiteln wird dagegen eher auf die Außenseite Bezug genommen. So geht es jetzt um die Moschee als islamisches Zentrum, um Architektur, Kalligrafie und Kunst, um Wissenschaft und Medizin, um Handel und Wirtschaft, um Kleidung und Nahrung. All das ist natürlich in den verschiedenen islamischen Ländern sehr unterschiedlich entsprechend der regionalen Gegebenheiten ausgeprägt; dennoch ergeben sich Grundsätze, die vom Glauben her bestimmt sind (etwa das Verbot der Abbildung lebender Wesen).

Moschee – Zentrum der Umma

Eine Moschee (arabisch *masdschid* = Ort der Niederwerfung) hat unterschiedliche Funktionen. Sie ist zuerst der Ort des rituellen Gebetes, vor allem des gemeinsamen Freitagsgebetes am Freitagmittag, wenn sich die muslimische Ortsgemeinde versammelt. Darüber hinaus aber werden mit den Gebäuden der Moschee auch andere für die Gemeinde wichtige Funktionen verbunden – die Moschee ist das Herz, das bauliche und spirituelle Zentrum der Umma. Eine Moschee ist:

- Ort der Niederwerfung, der Ergebung unter Gott,
- Ort des gemeinsamen Gebetes,

Mustafa-Pascha-Moschee, Skopje, Nord-Mazedonien, Außenansicht und Innenraum mit Mihrāb und Minbar

- Ort der Lehre und der Verkündigung (Predigt und Koranschule), auch Ort des privaten Koranstudiums,
- Ort eines Sozialzentrums (Beratung, Armenspeisung aus Mitteln des Zakāt, medizinische Versorgung ...),
- Ort sozialer Begegnung in Geschäften, Reisebüros, Ort familiärer Feiern (Trauungen ...) etc.

Eine Moschee ist also mehr als eine Kirche im Christentum, eher ähnlich einer jüdischen Synagoge, die auch multifunktional ist oder eines christlichen Pfarrzentrums mit Kirche, Schule und sozialen Einrichtungen. Diese funktionale Vielfalt wird in der Moschee Kalan (vgl. das Bild auf Seite 143) im usbekischen Buchara deutlich, die aus dem 15. Jahrhundert stammt: Auf dem Bild ist der Innenhof mit den vier Iwanen (in Zentralasien repräsentative nach einer Seite offene Halle, oft als Torbau in einem Moscheen- oder Palastkomplex geformt) in den Himmelsrichtungen sichtbar. Unter der hinteren Kuppel ist die eigentliche Moschee (genutzt als Wintermoschee, im Sommer wird der Innenhof als Moschee genutzt), davor der kleine Brunnen zur rituellen Reinigung. Den Innenhof umgeben überkuppelte Seitengebäude mit Madrasa (Medrese, s.u.), Sozialzentrum (Armenküche, medizinische Versorgung ...) und anderen Räumen.

Eine Moschee besteht in der Regel aus dem eigentlichen Gebetsraum, davor der Gelegenheit zur rituellen Reinigung (Brunnen, Waschraum, vgl. Seite 73) und einem *Minarett* (bei wichtigen Moscheen auch mehrere), von dem der Muezzin fünfmal am Tag zum Gebet ruft (heute meist per Lautsprecher). Häufig gibt es vor dem Gebetsraum einen oft durch Mauern oder andere Gebäude eingefriedeten Vorhof, um den andere Gebäude angelegt sein können. Eine Moschee kann auch mit einer *madrasa* verbunden sein, einer islamischen Hochschule, in der Klassisches Arabisch (Sprache des Koran), Sunna (Koran und Hadithe), islamisches Recht *(fiqh)*, eventuell andere Fächer unterrichtet werden. Manche Moscheen sind auch mit einem *Mausoleum* verbunden.

Ort des gemeinsamen Gebetes: Die Moschee ist der Ort des gemeinsamen, aber auch des privaten Gebetes. Das fünfmalige tägliche Gebet kann an jedem Ort verrichtet werden; in der Moschee aber ist es besonders verdienstvoll, dort wird auch durch die anderen Beter die muslimische Umma erlebbar. Viele Hadithe fordern deshalb, dass jeder erwachsene männliche Muslim zum Freitagsgebet in die Moschee gehen muss, Kranke, Frauen, Kinder und Sklaven sind von dieser Verpflichtung ausgenommen (vgl. etwa Hadith 1745 nach Khoury). Aber auch außerhalb der Gebetszeiten kann die Moschee zum privaten Gebet genutzt werden.

Alle Moscheen haben eine festgelegte Ausrichtung: Die Gebetsrichtung (*qibla*, vgl. Seite 70) war in der ersten Zeit die

Richtung nach Jerusalem, wurde aber nach den Auseinandersetzungen mit den jüdischen Stämmen in Medina im Jahr 624 nach Mekka hin geändert (Sure 2,144: »Wende dein Angesicht in Richtung der Niederwerfungsstätte, der reinen« (= Kaaba in Mekka). Dies ist heute überall auf der Welt die muslimische Gebetsrichtung. In jeder Moschee gibt es deshalb eine Quibla-Wand mit einer meist halbkreisförmigen Einbuchtung in Richtung Mekka, dem *mihrāb*. Meist ist der Mihrāb schön als Gewölbe gebaut und mit kalligrafisch gestalteten Koranversen geschmückt.

Viele Moscheen haben eine *Empore*, auf der die Frauen zum gemeinsamen Gebet Platz finden. Sie sind jedoch nicht zum Gebet in der Moschee verpflichtet. Auch findet man oft einen erhöhten Platz *(dikka)*, von dem aus zum Gebet aufgerufen wird und der Imam oder der Herrscher Platz nimmt. Auch gibt es Lesepulte für die Koranlesung.

Moschee Kalan mit (hinten) Wintermoschee, davor Brunnen, Nebengebäude und Iwane rund um den Hof, Buchara, Usbekistan

Ort der Lehre und der Verkündigung: Der Imam predigt in der Moschee von einem treppenförmigen Thron, einer Kanzel aus, dem *minbar*. Bereits Mohammed hatte sich in der Moschee von Medina (zugleich sein Wohnsitz) einen erhöhten Sitz aus Holz erbauen lassen, um besser zur schnell anwachsenden Gemeinde sprechen zu können. Ein Minbar konnte auch als Ort des Gerichts genutzt werden, unter dem Eide bei Rechtsentscheidungen geleistet wurden. Allerdings besitzt nicht jede Moschee einen Minbar.

Ort privaten Studiums: In vielen Moscheen findet man außerhalb der Gebetszeiten Muslime, die sich in eine der dort ausgelegten Koranausgaben vertiefen und den Koran als Rechtleitung Gottes studieren.

Ort der Niederwerfung vor Gott: Die Moschee steht mit oft herausragender Architektur und reichem Bauschmuck symbolisch für die Verheißung des Paradieses. Der Blick nach oben oft in Kuppeln (oft mit Sternen verziert) hinein soll (ähnlich in gotischen Kathedralen) einen Vorgeschmack auf den Himmel, das Paradies geben.

Architektur und Bauschmuck

Die Architektur der muslimischen Länder hat herausragende Bauwerke geschaffen – gleich in welcher Region und Kultur. Ob man die Iwane und Kuppeln der Moscheen in den zentralasiatischen Ländern betrachtet oder die gewaltigen neuen Moscheebauten in den arabischen Gebieten (u.a. Moschee Hassan II. in Casablanca, Marokko; Sheikh Zayed Moschee in Abu Dhabi, VAE; Sultan Qaboos Moschee in Muscat, Oman), ob man die im chinesischen Tempelstil gebauten Moscheen in Ningxia oder Shanghai sieht oder die gewaltigen Lehmbauten in Mali und anderen westafrikanischen Ländern – die Gesamtanlage solcher muslimischer Zentren ebenso wie ihre konkrete architektonische Form und ihr Bauschmuck sind überaus beeindruckend. Die Gestaltung solcher Moscheen, Madrasen, Mausoleen mutet ganz anders an als die kirchlichen oder staatlichen Repräsentationsbauten Europas, aber ist in ihrer »schlichter Pracht« faszinierend.

Dies liegt in einem Grundprinzip des Islam begründet. Der Islam verbietet jede bildliche Kunst, die Gott oder von Gott geschaffene Lebewesen abbildet. Ein solcher Schöpfungsvorgang – gleich ob in Malerei, in Skulptur oder Relief – wäre eine eigenständige Schöpfung, mit dem sich der Mensch anmaßen würde, in schöpferische Konkurrenz zu Gott, dem alleinigen Schöpfer, zu treten. So findet man an islamischen Bauten keinerlei Bildwerke aus Stein oder anderen Materialien, die Menschen und Tiere darstellen – eine Darstellung des transzendenten Gottes verbietet sich sowieso. Allein florale Motive finden sich in großer Zahl – Pflanzen gelten deshalb nicht als Lebewesen, weil sie sich nicht aus eigener

»Allahturm« mit Ziegelsteinornamentik des Wortes »Allah«, Grabheiligtum des Sufi-Scheichs Safi ad-Din, Ardabil, Westiran

Kraft bewegen können. Von diesem Bilderverbot, das es im Judentum allein im Blick auf Gott selbst gibt (Exodus 20,4: »Du sollst dir kein Gottesbild machen«), welches aber auch im Christentum vorgekommen ist (Bilderstreit der orthodoxen Kirchen im 8. Jahrhundert, calvinistische Reformation im 16. Jahrhundert) gibt es Ausnahmen allein in der indischen Miniaturmalerei der Mogulzeit, in der persischen und osmanischen Malerei (alle etwa 14.–16. Jahrhundert, vgl. etwa Seite 137 oder 199).

Wegen dieser thematischen Beschränkung auf geometrische und florale Motive hat sich der Bauschmuck islamischer Architektur auf andere Gestaltungen als die westliche Architektur konzentriert. Das ist zum einen die Betonung architektonischer Formen wie Kuppel, Gewölbe, Säulenhallen, Schwibbögen, Torgebäude, Stalaktitengewölbe (vgl. unten rechts auf Seite 147), Hufeisentoren (vgl. Seite 147 oben) und anderem mehr. Zum anderen werden Details herausgearbeitet, z.B. die Kapitelle der Säulen der Shaikh Zayed Moschee in Form von Dattelpalmen – Zeichen des Lebens in arabischen Ländern. Florale Motive wie die der Kasbah-Moschee erinnern auch an das islamische Konzept des Paradiesgartens mit seinen Wasserquellen und seinen Blumenrabatten – der Glaube und die Rechtleitung durch Gott eröffnen einen unmittelbaren Weg zum Paradies.

In seltenen Fällen gibt die Bauweise auch einen Anstoß, sich zum Glauben an den einen Gott zu bekennen: So tauchen in der kunstvoll gestalteter Ziegelsteinornamentik des sogenannten »Allah-Turms« im iranischen Ardabil (vgl. Seite 145) die Buchstaben für den Artikel *al* und der Begriff Gott *illah* (zusammengezogen *allah*) auf: Der Turm ist das Mausoleum eines sufistischen Heiligen, deshalb fordert dieses Bauwerk auf seine nur für den Eingeweihten verstehbare Weise auf, sich innerlich mit Gott zu verbinden, wie es Sufis fordern.

Hof der Sheikh Zayed Moschee, Abu Dhabi, VAE

Minarett der Kasbah-Moschee, Marrakesch, Marokko

Innenraum der Sultan Qaboos Moschee, Muscat, Oman

Die floralen Motive mit ihrer oft äußerst kunstvollen Rankenornamentik haben sogar einen Namen, der auf den islamischen Ursprung hinweist: Arabesken (manchmal auch Mauresken genannt) sind die Weiterentwicklung altgriechischen Bauschmucks (etwa korinthische Säulenkapitelle) im muslimischen Bereich.

Eine wichtige Aufgabe islamischen Bauschmucks ist die Gestaltung der Wandflächen mit geometrisch konstruierten Mustern in oft komplizierter Form, die eine exakte mathematische Berechnung und geometrische Gestaltung voraussetzt. Sie können mit floraler Ornamentik und auch mit Kalligrafie (s.u.) verbunden werden. Als Material können dabei gebrannte Kacheln verwendet werden (so meist in Zentralasien), oft wird aber auch mit Stuck gearbeitet (so etwa die Sterne in der neuen DITIB-Zentralmoschee in Köln). Wichtige Einzelelemente dieser Kunstform sind Symmetrie und sich ins Unendliche hinein wiederholende Formen – Hinweis auf die nach Gottes Willen geordnete Welt und den Weg ins Unendliche, der durch die Religion eröffnet wird. Kreise (= das Eine – der eine Gott) und Vielecke (= die Vielfalt der Schöpfung und Lebewesen) ergänzen sich dabei zu ästhetischen Mustern, die Menschen erfreuen sollen. Auch die hauptsächlich verwendeten Farben der Kacheln (blau = Himmel und Wasser, grün = Oasen) machen inhaltliche Aussagen. Solche geometrische Ornamentik findet sich außerhalb des Bauschmucks auch in Keramik und Buchkunst.

Kalligrafie

Neben den verschiedenen Formen des Bauschmucks wurde in der islamischen Kunst besonders die Kalligrafie (griechisch =

Kalligrafisch gestalteter Koranvers, Allahturm, Ardabil, Iran

schön schreiben) gepflegt. Dabei ging es nicht allein um die Vermittlung von Texten in ansprechender Form. Vielmehr wurde wegen des Bilderverbots im Islam die Schrift genutzt, um durch die Schriftlinien Bilder entstehen zu lassen. So konnte etwa das muslimische Glaubensbekenntnis (vgl. Seite 62) als Schiff des Glaubens, in Herzform oder als Moschee mit mehreren Minaretten gestaltet werden.

Kalligrafen wurden in allen islamischen Gebieten sehr geachtet, sie waren vor allem im osmanischen Reich von hoher Bedeutung. Dort waren die Kalligrafen in Istanbul dem Hof des Kalifen zugeordnet (Hofschreiber). Sie versahen häufig neben ihren staatlichen Aufträgen (Briefe, Listen ...) literarische Werke (Prosa wie Lyrik) mit Kalligrafie, sodass ein einheitliches und dem Thema angemessenes Kunstwerk entstand. Doch war nicht nur die kalligrafische Buchkunst herausragend, sondern auch Bauschmuck mit kalligrafischen Elementen (Moscheen, Paläste ...), vgl. etwa den Wandschmuck im Sala de Embajadores (Botschaftersaal – Saal der offiziellen Empfänge) in der Alhambra im spanischen Granada.

Kalligrafie Allah, Kalligrafie Muhammad,
Karadoz-Beg-Moschee, Mostar, Bosnien-Herzegowina

Die arabische Schrift entstand wie andere Buchstabenschriften aus der phönizischen, später aramaäischen und nabatäischen Schrift. Ursprünglich wurden nur Konsonanten geschrieben; später wurden durch eine Punktierung Vokalzeichen hinzugefügt. Mit arabischen Buchstaben werden heute nicht nur Arabisch geschrieben, sondern auch das persische Farsi, das indische Urdu und weitere Sprachen des asiatischen und ostafrikanischen Raums.

Neben der kursiven Alltagsschrift wurden im Laufe der Zeit für religiöse Zwecke, aber auch als Formen der Repräsentation der muslimischen Dynastien verschiedene Schreibstile entwickelt. Dies sind Kunstformen, die von Kalligrafen genutzt werden konnten; die ältesten sind die eckige Kufi-Schrift und die kursive Naschī-Schrift. Das im 9. Jahrhundert entstandene *Naschī* ist heute als Schrift für Drucksachen weit verbreitet; von ihm leiten sich eine Reihe weiterer arabischer Schriften

Koran mit Kalligrafie in Naschī- und Tuluth-Schrift, Damaskus 1983, Islamisches Museum, Sharjah, VAE

ab. Das äußerst schwer und nur von Experten zu lesende *Kufi* war von Anfang an als Zierschrift gedacht, die Schrift ist nach der im Irak liegenden Stadt Kufa genannt – dies verweist auf die machtvolle Abbasiden-Dynastie (750–1162, vgl. Seite 50).

Oft werden auch sechs kursive Schreibstile *(al-aqlam as-sitta)* neben Kufi genannt. Dies sind außer Naschī die traditionelle und leicht lesbare *Muhaqqaq*, die persische *Rejhan*, die monumentale Kanzleischrift *Thuluth* des osmanischen Reiches, zudem *Tauqi* und deren Variante *Reqa*. Zudem gab und gibt es noch eine Fülle weiterer Schriften, so etwas das vor allem in Zentralasien weit verbreitete *Nastaliq*.

In Moscheen gibt es unterschiedliche kalligrafische Elemente: Meist sind die Namen Allah und Mohammed besonders kunstvoll gestaltet (vgl. Seite 150), manchmal finden sich auch – wie in der Kölner Zentralmoschee – Namen von Propheten in Kalligrafie.

Wissenschaft

Viel stärker als in der Bibel finden sich im Koran Aussagen über die Welt als Schöpfung Gottes. Immer wieder fließen in die koranischen Suren Naturbeobachtungen ein – allerdings mit einer religiösen Motivation: Es gilt, Gott als den Schöpfer von allem zu bekennen. Die Schöpfung in ihrer bunten Vielfalt ist letztlich der Beweis für Gottes Barmherzigkeit, denn alles in der Natur ist dem Menschen von Gott zur Nutznießung übergeben worden: »Wahrlich, in der Aufeinanderfolge von Nacht und Tag und in dem, was Gott erschaffen in den Himmeln und auf der Erde, sind Zeichen für Leute, die gottesfürchtig« (Sure 10,6). Es gibt eine Fülle von Koranversen, in denen die Menschen aufgerufen werden, sich intensiv um Wissen zu bemühen; die Wissenden werden gelobt (u.a. in Sure 30,21ff.).

Von da aus ist es verständlich, dass alle islamische Wissenschaft ihren Ausgang vom Koran genommen und versucht hat, die koranischen Hinweise zum Verständnis der Naturereignisse fortzuführen und genauer zu untersuchen. War dies in der Anfangszeit der Anlass für ein allgemeines wissenschaftliches Forschen, so differenzierte sich die Forschung schon bald in einzelne Sachgebiete. Dies ist durchaus vergleichbar der Entstehung der wissenschaftlichen Einzeldisziplinen im europäischen Mittelalter. Rasch stand die islamische Wissenschaft (arabisch *ilm*) in hohem Ansehen auch über die islamischen Gebiete hinaus; die goldene Zeit islamischer Wissenschaft brach an. In der Zeit vom 8. bis 13. Jahrhundert, also in der Zeit der Abbasiden-Dynastie, gab es in den islamischen Ländern einen Aufschwung der Wissenschaften, durch den die europäischen Länder bei Weitem übertroffen wurden. Im Gegenteil, viel von dem in islamischen Ländern entwickelten Wissen gelangte über die Handelswege nach Europa; im muslimisch beherrschten Andalusien ergab sich zudem eine äußerst fruchtbare Symbiose muslimischer, jüdischer und christlicher Wissenschaftler, über die viele antike Schriften zu Philosophie und Naturwissenschaften nach Mitteleuropa gelangten (Übersetzungen vom Arabischen ins Lateinische).

Die islamische Wissenschaft konzentrierte sich dabei auf verschiedene Fachgebiete. Zentral waren die Fortschritte in Mathematik und Astronomie, weil sie im islamischen Bereich für die Kalenderrechnung, für die Bestimmung der täglichen Gebetszeiten (Sonnenaufgang, Sonnenuntergang) und für die Planung der Architektur (Kuppelbau mit kannelierten Rippen, Verteilung der umlaufenden Koransprüche) von hoher Bedeutung waren. Bagdad war als Regierungsstadt in der Zeit der abbasidischen Kalifen das Zentrum der Wissenschaften. Aus Indien übernahm man hier mathematische Prinzipien (z.B. die Zahl 0) und baute das Dezimalsystem aus. Bedeutendster Mathematiker war in Bagdad der aus Chiwa in Choresme (heute Usbekistan) stammende Mathematiker Muhammad ibn Mūsā al-Chwārizmī (780–850), dem die Entwicklung der Algebra zugeschrieben wird. Ebenso wurden Fortschritte in der Geometrie erzielt.

Dies hatte Auswirkungen auf die Astronomie. Nach der Zeit der antiken Griechen hatte die Astronomie in Europa und Vorderasien keine Fortschritte mehr gemacht, doch unter der islamischen Herrschaft änderte sich das. Jegliche Form von Astrologie ist im Islam als Götzendienst verboten, doch wurden überall (etwa durch den Timuridenfürsten Ulugh Beg [1394–1449] in Samarkand) große Observatorien gebaut und dadurch die astronomische Forschung intensiviert. Die indische Astronomie der Mogulzeit setzte dies später fort.

Gegenüber dieser damaligen Blütezeit erscheint die heutige islamische Wissenschaft ab der europäischen Renaissance und vor allem in der Neuzeit weit zurückzuliegen. Dies wird von Muslimen oft mit der Ausbeutung der islamischen Gebiete durch die Kolonialmächte (besonders England und Frankreich) ab dem 19. Jahrhundert begründet. Sicher ist dies einer der Gründe, doch der Ursprung dieser Entwicklung liegt früher und ist in Verbindung zu setzen mit den vielen Kriegen und dem folgenden Zerfall des osmanischen Reiches, die für Forschung und Bildung personell wie finanziell nur wenig Ressourcen ließen. Auch die Kriege und Bürgerkriege der Moderne tragen zur Rückständigkeit der Wissenschaft in arabischen Gebieten bei – in anderen Regionen der Welt (etwa Pakistan, Indonesien) ist dies inzwischen anders.

Medizin

Von hoher Bedeutung waren die Fortschritte der islamischen Medizin im Großraum Vorderer Orient und Persien. Auch hier baute die muslimische Wissenschaft auf den Erkenntnissen der Antike (Hippokrates, Galenos) auf, erweiterte aber das medizinische Wissen erheblich. In vielen islamischen Städten wurden schon im 9. Jahrhundert ein *bimarestan* (persisch Krankenhaus), errichtet, zuerst als Isolierstationen für Kranke mit ansteckenden Krankheiten, dann als Allgemeinkrankenhäuser mit breiter medizinischer Versorgung. Im Jahr 825 wurde in Bagdad das *Bait al-Hikma* (Haus der Weisheit) eröffnet, die erste medizinische Fakultät weltweit. Auch das ägyptische Alexandria, bereits 642 von arabischen Heeren erobert, blieb wie schon in der Antike eines der Zentren islamischer Medizin; Damaskus, die Hauptstadt der Umayyaden, war ebenfalls

Arzneiherstellung und -anwendung, französische Handschrift von Avincennas Kanon der Medizin

wichtig. Schon ab 9. Jahrhundert wurden die Ärzte staatlich auf ihre Kenntnisse hin geprüft. Die Sorge für die Kranken wurde wie auch im christlichen Bereich mit den (später) entstandenen Hospizen religiös begründet. Für Muslime ist die Stiftung von Krankenstationen und die Versorgung der Kranken eine konkrete Umsetzung des Zakāt, der Pflichtabgabe.

Die islamische Medizin geht neben den antiken Grundlagen von der sogenannten »Prophetenmedizin« aus, von Äußerungen Mohammeds zur gesunden Lebensweise und zur Heilung der Kranken, wie sie in den Hadithen gesammelt ist. Doch schon bald ging die Medizin und Arzneimittelforschung darüber hinaus. Ibn Zakaryā ar-Rāzī (lateinisch Rhazes, 865–925) etwa war ein persischer Arzt, Alchemist und Philosoph. Er nutzte nicht nur die überlieferten medizinischen Schriften, sondern trieb durch Leichenöffnung eine empirische Forschung, deren Ergebnisse er in über hundert Fachbüchern veröffentlichte.

Auch von anderen islamischen Ärzten erschien eine Fülle medizinischer Fachbücher; hier soll allein die herausragende Gestalt des Abū Alī ibn Sīnā (lateinisch Avicenna, 980–1037) erwähnt werden, der aus Choresme stammend im westpersischen Hamadan lehrt und dort neben vielen philosophischen Schriften sein medizinisches Hauptwerk »Kanon der

Medizin« veröffentlichte. In diesem und anderen Werken ging er vor allem auf die Herstellung und Wirkung verschiedenster Arzneimittel ein. Auch forderte er eine genaue Prüfung einer Arznei, um Scharlatanerie und Quacksalberei zu vermeiden und deren Wirksamkeit mit Belegen nachzuweisen – ein streng wissenschaftlicher Ansatz der Arzneimittelprüfung.

Andere Ärzte im islamischen Bereich widmeten sich vor allem der Schmerzbekämpfung. Sie setzten bei Geburten, Koliken und Zahnschmerzen das aus Nordindien kommende Cannabis (Schlafmohn) ein und verwandten dieses Mittel auch zur Narkose bei Operationen.

Handel und Wirtschaft

Das gesamte gesellschaftliche und staatliche Leben ist der Religion untergeordnet (vgl. Seite 115), damit auch die Wirtschaft, das Finanzwesen, die Banken und der Handel eines Landes oder einer Stadt: Alles muss sich der religiösen Ordnung unterwerfen; das Leben im Diesseits ist ausgerichtet auf die Erlangung eines Lebens im Jenseits – so die Forderung des Islam. Jeder Gläubige muss alle sozialen, wirtschaftlichen und finanziellen Entscheidung unter dem Gesichtspunkt der Verantwortung vor Gott treffen. Vermögen ist an sich nicht schlecht, aber ein Anhäufen von Reichtum wird im Koran verurteilt, wenn die Besitztümer nicht zu sozialen Zwecken eingesetzt werden. Ein Vermögen nützt zudem nichts, um Unsterblichkeit zu erlangen (Sure 111,2), umgekehrt aber heißt es: »Die, die ihr Vermögen spenden auf dem Weg Gottes ... finden ihren Lohn bei ihrem Herrn« (Sure 2,262). Jedes Vermögen muss zudem rechtmäßig erworben sein, Betrug und Ausbeutung besonders der Witwen und Waisen (die Armen) wird deutlich verurteilt. Diese soziale Verpflichtung von Eigentum wird allerdings in den islamischen Regionen und von Muslimen unterschiedlich umgesetzt.

Bei Reisen in islamische Länder gehört der Besuch der oft malerischen Sūqs (auch Souk, arabisch= Markt) und Bazare (persisch bāzār = Markt) unbedingt dazu. Hier findet sich der Einzelhandel für Lebensmittel, Kleidung und andere Gegenstände des täglichen Bedarfs in bunter Fülle. Aber der Sūq oder Basar ist auch der Ort, an dem viele Handwerker ihre Dienste anbieten, vom Kunsthandwerk bis zum Schneider, vom Kupferschmied bis zum Goldschmied, vom Korbflechter bis zum Barbier. Im Sūq befinden sich zudem die Niederlassungen der großen Kaufhäuser beziehungsweise des Großhandels, die für den grenzüberschreitenden Handel wichtig sind. Oft sind auch eine ganze Reihe von Moscheen innerhalb des Basars, meist gespendet und unterhalten von den Kaufleuten der Viertel rundum. Die einzelnen Gewerke sind meist nach Gassen und Viertel geordnet, sodass man etwa alle Juweliere oder alle Teppichhändler nebeneinander findet und deshalb ihr Angebot leichter vergleichen kann – eine Anordnung, wie sie

Im Sūq (Souk) von Nizwa, Oman

auch in mittelalterlichen europäischen Städten üblich war und in manchen Straßennamen noch erinnert wird.

Für den Handel sowie das Finanz- und Kreditwesen ist eine grundsätzliche Verpflichtung der Scharia entscheidend, durch die Zinsen wegen der Gefahr der Ausbeutung verboten sind. Der Zuwachs an Kapital durch Verleihen und Zinsberechnung *(ribā)* wird als ethisch verwerflich betrachtet und zählt im Koran zu einer der sechs Hauptsünden. Deshalb hat sich im Islam ein eigenständiges Finanz- und Bankwesen entwickelt, das auf Zinsberechnung verzichtet und Ausweichmöglichkeiten entwickelt hat, etwa den Weiterverkauf mit Aufschlag: Zur Hausfinanzierung etwas gibt es keine Hypothekenkredite mit monatlicher Zinsberechnung, sondern die Bank kauft die Immobilie selbst und verkauft sie dann mit einem entsprechenden Aufschlag an den Käufer weiter. Geschäftskonten wie Girokonten dürfen keine Zinsen als Gewinn oder Verlust buchen; stattdessen geben Banken ihren Kunden vielfach Geschenke, die dies ausgleichen. Durch solche und weitere vergleichbare Regelungen werden alle Finanzgeschäfte islamkonform gestaltet. Bestimmte Geschäfte wie Glücksspiel, Wettbüros, Waffenhandel, Prostitution, Drogenhandel sind als unethisch absolut verboten *(harām)*.

Hinzuweisen ist im Rahmen islamischen Handels noch auf die großen Handelsstraßen, die eine Verbindung zwischen Großregionen schaffen: Dies ist vor allem die Weihrauchstraße, die bereits vorislamisch den Oman und Jemen mit dem Mittelmeerraum verband und auf der Mekka eine wichtige Handelsstation war. Hinzu kommt – ebenfalls bereits vorislamisch entstanden – das Netz der Seidenstraßen, die Ost und West, China und Europa miteinander verbanden und Waren, Erfindungen, Religionen auf verschiedenen Routen durch die islamisch beherrschten Gebiete Zentralasiens und des Vorderen Orients weiterleiteten.

Kleidung

Die Kleidung von Männern und Frauen ist in allen Kulturen in der Regel von hergebrachten Traditionen abhängig, erst im 20. Jahrhundert entwickelte sich eine den Kulturen und Ländern übergreifende Bekleidung (etwa Jeans und T-Shirt). In den islamischen Ländern ist jedoch die traditionelle Kleidung nach wie vor vorherrschend, vor allem bei den Frauen.

Kleidung im Islam hat aus Gründen des Anstands den Körper zu bedecken, sie muss sauber sein, sie darf schön sein, aber Prunk soll vermieden werden. Dennoch sind Schmuckstücke erlaubt, Tätowierungen und Piercing dagegen nicht, obwohl sie in manchen Traditionen (etwa bei Berberfrauen) vorkommen.

Muslimische Männerkleidung: Mann mit Taqiyah

Kopftuch,
Turfan, China

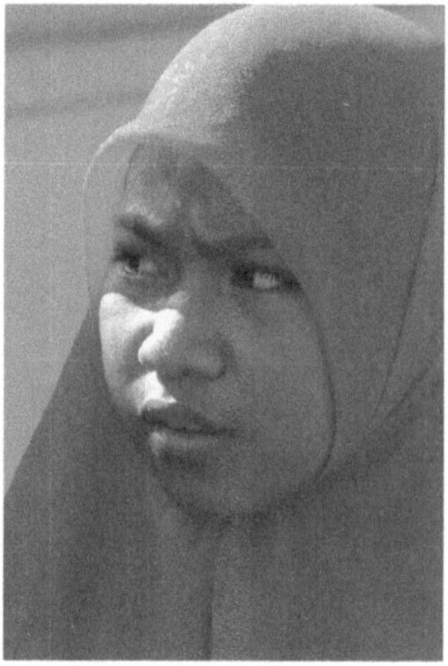

Hidschab,
Sulawesi, Indonesien

Die *Männerkleidung* ist heute in den meisten islamischen Ländern der westlichen Kleidung angepasst, allein in den arabischen Ländern gibt es nach wie vor die traditionellen Kleidungsstücke. Der Mann trägt in Arabien ein langes, weites, in der Regel weißes Gewand, den *thawb*. Es wird regional unterschiedlich benannt – Saudi-Arabien: *Qamis*; Oman, Katar, Irak: *dischdascha*; VAE: *kandura*. Die Jellabiya (Dschallabiya) in Ägypten, Äthiopien (dort auch von Christen getragen) und Eritrea ist ähnlich. Als Kopfbedeckung wird im Irak (dort Stadt Kufa), in Saudi-Arabien und anderen arabischen Ländern die *kufiya* (auch *kefiye*) getragen, ein weißes Kopftuch, das mit einer Kordel (Agal) als Turban befestigt wird. In manchen Ländern (Indien) wird heute noch der große *Turban* als langes, mehrfach um den Kopf geschlungenes Tuch verwendet. In den Maghreb-Ländern, vor allem aber im türkisch-osmanischen Reich wurde der *Fes* (Fez, Tarbusch) getragen,

Tschador,
Teheran, Iran

Burka (links) und Niqab (rechts),
Afghanistan

ein kegelstumpfförmiger Filzhut. Die meist genutzte Kopfbedeckung im Islam ist der *taqiyah*, eine weiße gehäkelte Mütze, vereinfacht auch aus weißem Baumwollstoff, die vor allem beim Gebet getragen wird, so wie Juden ihre Kippa tragen.

Die *Frauenkleidung* besteht in traditionellen islamischen Gesellschaften aus einem langen mantelähnlichen Überwurf, der über anderer Bekleidung getragen wird (arabisch *abaya*, türkisch *pardösü*). Der Kopf kann auf verschiedene Weise bedeckt werden. Meist wird ein Kopftuch getragen, welche das Haar ganz oder zum großen Teil bedeckt. Der *hidschab* (arabisch Hülle, Schleier) ist ein kapuzenartiges Kopftuch, das eng getragen neben den Haaren auch Hals und Schultern bedeckt. Der *tschador* (persisch Zelt) ist ein meist schwarzer Umhang, der Körper und Kopf bedeckt und nur Gesicht und Hände freilässt. Der *niqab* in Arabien fügt dem Tschador noch einen Gesichtsschleier hinzu, der nur die Augen freilässt. Er stammt aus der Beduinenkultur der Wüstengebiete und sollte ursprünglich vor Sand und Staub schützen. Die *burka* in Afghanistan und Teilen Pakistans schließlich verhüllt auch die Augen durch ein Gitternetz aus Stoff.

Bekleidungsvorschriften gab und gibt es auch in anderen Kulturen als den islamischen. Früher trugen Frauen auch in Mitteleuropa Kopftücher, in Osteuropa ist es noch heute so. Ordensfrauen trugen und tragen teilweise heute noch tschadorähnliche Kleidung und dies aus religiösen Gründen. Im Blick aber auf den Islam entstand ein Streit um das Tragen einer Kopfbedeckung, vor allem wenn das Gesicht oder Teile davon verhüllt sind. Ist die Kopfbedeckung Zeichen der kulturellen Rückständigkeit oder des religiösen Bekenntnisses?

Im Koran bezeichnet Hidschab meist eine Trennwand (etwa zwischen Gläubigen und Ungläubigen, zwischen Paradies und Hölle). Im Koran findet sich in Sure 24,31 eine Anweisung zur Frauenkleidung: »Sag zu den gläubigen Frauen ... zu bewahren ihre Scham ... und zu schlagen ihren Schal [ihre Kopfbedeckung] über den Ausschnitt ...« Dahinter steht die vorislamische Sitte eines tiefen Ausschnitts, der die Brüste der Frauen sichtbar ließ. Dies soll im Islam geändert werden; eine genaue Beschreibung eines verhüllenden Kleidungsstückes findet sich im Koran nicht, wohl aber wurden in späterer Zeit von Rechtsgelehrten regional verschiedene Anforderungen an sittsame Kleidung formuliert, die in der Folge zu den heute regional unterschiedlichen Bekleidungsformen führten. Insofern ist das Tragen einer bedeckenden Bekleidung gleich in welcher Form zuerst einmal nicht religiös zu deuten, sondern ergibt sich aus den Sitten und Traditionen einer Region. Viele muslimische Frauen allerdings sehen eine Kopfbedeckung auch als Zeichen ihres religiösen Bekenntnisses, andere wiederum erkennen darin eine von Männern geforderte, patriarchalische Vorschrift, der sie sich nicht unterwerfen wollen.

Speisen und Getränke

Verglichen mit den umfangreichen und zudem streng befolgten jüdischen Speisevorschriften kennt der Islam relativ wenige Anweisungen für islamkonforme Speisen und Getränke. Auch das Christentum hat detailliertere Fastenvorschriften (etwa Fisch statt Fleisch) als der Islam. Der Islam geht bei allen Regelungen davon aus, dass die Nutzung der weltlichen Güter (Koran: »die guten Dinge«) ein Geschenk Gottes ist, das der Mensch dankbar annehmen darf. Diese Haltung verdeutlicht Sure 5,93: »Für die, die glauben und verrichten gute Werke, ist keine Sünde in dem, was sie essen.« Speisen und Getränke sind bis auf wenige Ausnahmen grundsätzlich erlaubt *(halāl)*.

Die islamische Ethik kennt fünf Einteilungen von Handlungen: Verpflichtendes *(fard)*, Empfohlenes *(mandūb)*, Erlaubtes *(halāl)*, Unerwünschtes *(makrūh)* und Verbotenes *(harām)*. Bei Speisen und Getränken ist allein die Unterscheidung von halāl und harām wichtig. In der Regel kann man davon ausgehen, dass alles zulässig, halāl, ist, wenn kein ausdrückliches Verbot vorliegt. Da der einzelne Gläubige oft nicht weiß, was konkret erlaubt oder verboten ist, kann er die Rechtsgelehrten um eine Entscheidung *(fatwa)* bitten.

Verboten ist ausdrücklich – wie im Judentum – der Genuss von Schweinefleisch, Blut, Aas und Fleisch, das Göttern geopfert wurde. Der Koran formuliert: »O ihr, die ihr glaubt, esst von dem Guten, das wir euch bereitet und dankt Gott, wenn ihr ihm dient. Er hat euch nur Verendetes verboten, Blut, Fleisch des Schweines und das, worüber andere als Gott angerufen worden« (Sure 2,172f.). Dieses Verbot wird wissen-

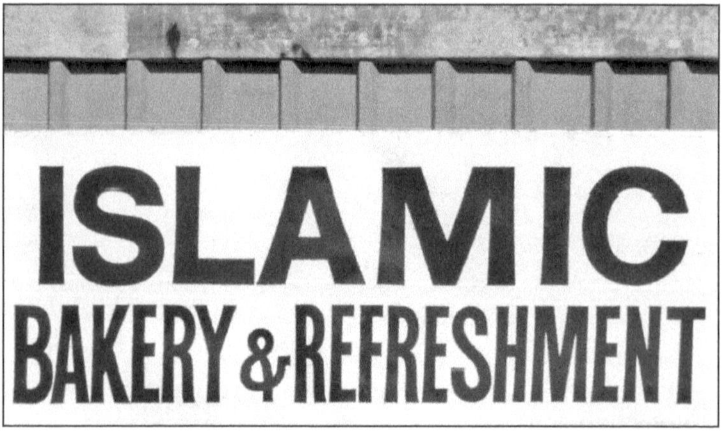

Islamische Bäckerei, Zamboanga, Mindanao, Philippinen

schaftlich zum Teil auf hygienische Gründe zurückgeführt, oder es wird darauf hingewiesen, dass Schweine nicht wie Rinder, Schafe, Ziegen und Kamele mit Gras, sondern mit Körnern gefüttert werden müssen und damit in Steppengebieten Nahrungsmittelkonkurrenten des Menschen sind. Muslime verweisen dagegen auf die im Koran enthaltene Weisung Gottes, die zu befolgen, nicht zu diskutieren ist.

Andere Tiere als Schweine müssen halāl geschlachtet werden, sodass ihr Blut ganz ausfließt und deshalb nicht verzehrt werden kann. Die Halāl-Schlachtung erfolgt in der Regel als betäubungslose Schächtung, bei der mit einem Messer die Halsschlagader durchtrennt wird. In Deutschland hat sich daran eine Diskussion entwickelt, ob diese Form des Schlachtens dem Tierschutz entspricht. Rechtlich ist inzwischen geklärt, dass diese Form durch sachkundige Personen und mit dem Ziel, das Fleisch an religiös gebundene Personen zu verkaufen, erlaubt ist. Meist erfolgt deshalb eine Zertifizierung.

Ein anderes Verbot des Islam betrifft berauschende Getränke, im Koran wird in medinischen Suren der Wein an mehreren Stellen ausdrücklich genannt: »O ihr, die ihr glaubt: der Wein, das Glücksspiel, die Opfersteine und die Lospfeile [Orakel, Magie] sind Greuel, Werk des Satans. So meidet es!« (Sure 5,90). Auf diesen Vers beziehen sich die Rechtsgelehrten, die Alkoholkonsum für Muslime generell als *harām*, verboten, ansehen. Auf der anderen Seite gibt es aber auch folgenden Vers einer älteren, mekkanischen Sure: »Aus den Früchten der Dattelpalmen und Rebstöcke gewinnt ihr Rauschtrank und Nahrung, eine schöne. Wahrlich, darin ist ein Zeichen für die Leute, die verstehen« (Sure 16,67). Hier wird der Wein als Geschenk Gottes verstanden, auch im Paradies wird es Rebstöcke und damit Wein als Belohnung für die Gottesfürchtigen geben (Sure 78,32). In der medinischen Sure 4,43 wird allerdings verboten, betrunken am Gebet teilzunehmen. Es ist also eine Entwicklung sichtbar, die in der mekkanischen Zeit alkoholische Getränke erlaubt hat (in Mekka waren sowohl Wein als auch Bier aus Gerste und Honig gebräuchlich). In Medina wurden zunehmend strengere Bestimmungen entwickelt, um der muslimische Gemeinschaft eine von der Religion her bestimmte Ordnung zu geben (vgl. Seite 40) und jegliche Auswüchse (Trunkenheit beim Gebet) zu vermeiden. In der Geschichte des Islam ist das Alkoholverbot unterschiedlich beachtet worden: An den Fürstenhöfen konnte es durchaus Wein geben, persische Dichter wie Omar Khayyam (1048–1131) und andere verherrlichten sogar den Weingenuss.

Ein Fastengebot gibt es im Islam nur für das religiöse Fasten *(saum)* im Monat Ramadan (vgl. Seite 76ff.). Dann ist von Sonnenaufgang bis Sonnenuntergang jegliche Speise und jedes Getränk verboten (für Kinder, Kranke und Reisende gelten Ausnahmen); in der Nacht kann gegessen und getrunken werden. Der Ramadan schließt mit dem Fest des Fastenbrechens (vgl. Seite 168).

Feste

Der islamische Festkalender ist im Vergleich zum jüdischen, christlichen oder auch hinduistischen ausgesprochen klein. Eigentlich gibt es nur zwei im gesamten Islam gefeierten Feste (arabisch *id*, türkisch *bayramı*), das Ramadanfest (Fest des Fastenbrechens) und das Opferfest, das mit dem Hadsch in Verbindung steht. Schia und Sufis kennen zusätzlich weitere Festtage zum Gedenken an Imame und Heilige, doch ist auch deren Zahl gering. Zudem gibt es keinen offiziellen wöchentlichen Feiertag – der Freitag zählt zwar als Tag des gemeinschaftlichen Gebetes, ist aber keineswegs arbeitsfrei wie der christliche Sonntag oder der jüdische Sabbat.

Der Freitag und sein rituelles Gebet

Die Einteilung in eine Sieben-Tage-Woche hat im Islam keine besondere religiöse Bedeutung wie im Judentum und Christentum, wo der biblischen Erzählung in Genesis 1 folgend der Schöpfung durch Gott gedacht wird – sechs Schöpfungstage, dann ein Ruhetag. Entsprechend haben im Judentum der Sabbat (Samstag) und im Christentum der Sonntag (zudem Tag der Auferweckung Jesu) eine herausragende Bedeutung. Der Freitag im Islam ist damit nicht zu vergleichen.

Der Freitag wird nicht als arbeitsfreier Tag verstanden, einen allgemein arbeitsfreien Wochentag kennt der Islam als religiöse Vorschrift nicht. Wohl aber ist der Freitag dadurch hervorgehoben, dass er der Tag des gemeinsamen Gebets ist: Zum Mittagsgebet am Freitag sollen alle männlichen Muslime in der Freitagsmoschee (der größten einer Stadt) zum gemeinsamem Gebet zusammenkommen – Frauen und Kinder können daran teilnehmen, müssen es aber nicht. Das Freitagsgebet wird dadurch besonders gestaltet, dass vor dem eigentlichen rituellen Gebet (vgl. Seite 68ff.) eine Predigt des Imams vom Minbar (vgl. Seite 144) aus gehalten wird, welche die Grundlagen islamischen Glaubens auf das individuelle und gesellschaftliche Leben hin anwendet.

Die Grundlage dieses Gebots, freitags am gemeinsamen Gebet teilzunehmen und sich dabei in die betende, d.h. sich auf Gott hin ausrichtende Gemeinschaft (Umma) einzugliedern, folgt der Sure 62, die auch den Titel »Der Versammlungstag« (= Freitag) trägt. Dort heißt es in Vers 9f.: »O ihr, die ihr glaubt, wenn gerufen wird zum Gebet am Tag der Versammlung, so eilt zum Gedenken Gottes, und lasst das Kaufgeschäft ruhen! ... Wenn das Gebet abgeschlossen ist, dann verstreut euch im Lande und trachtet nach Gottes Gnadengabe.«

Das Freitagsgebet ist in Medina unmittelbar nach der Hidschra, dem Auszug aus Mekka, entstanden. Als Mohammed dort im Stadtviertel Ranuna ankam, versammelte er die erste Gebetsgemeinschaft am Freitagmittag und hielt auch die erste Freitagspredigt. Islamische Legenden allerdings erzählen zudem, dass der Freitag immer schon der Tag besonderer Heilsereignisse war: An einem Freitag soll Adam von Gott erschaffen worden sein, an einem Freitag soll er ins Paradies geführt und ebenfalls an einem Freitag von dort vertrieben worden sein. Auch das Ende der Welt und das Weltgericht werden an einem Freitag stattfinden. Das Freitagsgebet erinnert deshalb an die gesamte Geschichte der Menschheit von der Schöpfung bis zum Weltenende.

Īd al-Fitr (Fest des Fastenbrechen)

Das Fest des Fastenbrechens *(īd al-fitr)*, auch Ramadanfest genannt, schließt sich an den Fastenmonat Ramadan an. Entsprechend der islamischen Zeitrechnung verschiebt sich dieser Fastenmonat jedes Jahr um etwa zehn Tage nach vorn gegenüber dem westlichen Kalender.

Der Islam kennt eine Zeitrechnung, die mit der Hidschra, dem Auszug der ersten Muslime unter Mohammed aus Mekka nach Medina im (westlichen) Jahr 622 beginnt. Damit greift der Islam auf ein religiöses Ereignis als Grundlage seines Kalenders zurück. Dies geschieht auch im Judentum so, wo eine jüdische Zeitrechnung nach Anno Mundi (Jahr der Welt) beginnt, also nach den fiktiven Angaben der Bibel zur Welterschaffung gezählt wird – das westliche Jahr 2019 ist demnach das jüdische Jahr 5780. Auch andere Religionen nehmen ein religiöses Ereignis zur Grundlage ihrer Kalenderrechnung, der Buddhismus etwa das Todesjahr des Siddhartha Gautama, des Buddha, (544 v. Chr. [nicht gesichert]), sodass das westliche Jahr 2019 dem Jahr 2563 B.E. (Buddhist Era) entspricht. Das Christentum hat im Laufe seiner Geschichte die Geburt Jesu als Wendepunkt der Weltgeschichte und damit als Jahr 0 angegeben, obwohl das wirkliche Geburtsjahr wahrscheinlich im Zeitraum von 7–4 v. Chr. anzuordnen ist.

Während das Christentum und andere Religionen von einem Sonnenjahr ausgehen und dabei den säkularen Berechnungen folgen (zuerst dem auf Julius Cäsar zurückgehende Julianischen Kalender, ab 1582 dem von Papst Gregor XIII. angeregten Gregorianischen Kalender), rechnet das Judentum nach einem Lunisolarkalender, der an Mond *(luna)* und Sonne

Süßigkeiten zum Id al-Fitr, Marokko

(sol) gebunden ist. Jeder Monat hat den Mondphasen entsprechend 29 oder 30 Tage. Neben Normaljahren gibt es deshalb Jahre mit zusätzlichen Schaltmonaten, um den Mondkalender an den Sonnenumlauf und die Jahreszeiten anzupassen.

Auf diese Konstruktion verzichtet der Islam und rechnet nach einem reinen Lunarjahr, bei dem nur die zwölf Mondmonate zählen. Das aber bedeutet eine jährliche Differenz von etwa elf Tagen gegenüber dem Sonnenjahr, sodass alle im Mondkalender festgelegten Feste (Īd al-Fitr und auch Īd ul-Adha, vgl. Seite 171) jährlich elf Tage früher gefeiert werden. Weil das islamische Jahr nur 354 statt 365 Tage zählt, wandert auch der Fastenmonat Ramadan (der neunte Monat des islamischen Jahres) durch das ganze Sonnenjahr – mal müssen Muslime im europäischen Sommer lange Zeiträume von Sonnenaufgang bis Sonnenuntergang für ihr Fasten beachten, mal gibt es wie im europäischen Winter nur kurze Fastenzeiten pro Tag. Durch die kürzere Jahresrechnung entspricht das westliche Jahr 2019 bis zum 31. August dem islamischen Jahr 1440, der 1. September 2019 (westlich) ist Neujahr des islamischen Jahres 1441.

Der Fastenmonat Ramadan (vgl. Seite 76ff.) fordert von (erwachsenen) Muslimen ein strenges Fasten tagsüber; abends dagegen, nach Sonnenuntergang, wird in den Familien oft üppig gegessen. Man pflegt so im Fastenmonat Ramadan über das religiöse Gebot eines Fastens hinaus die Gemeinschaft mit anderen Gläubigen – wiederum sind Hingabe an Gott und Gemeinschaft mit den Menschen aneinander gebunden.

Im Ramadan und seiner gegenüber dem Alltag veränderten Lebensweise geht es weniger um Askese, um Buße und Verzicht, sondern um eine innere Neuorientierung des Menschen. Er soll sich darauf besinnen, dass im Monat Ramadan die Offenbarung des Korans als Zeichen der Barmherzigkeit Gottes begonnen hat, dies also den Beginn der Rechtleitung des Menschen entsprechend Gottes Willen bedeutet. Deshalb gehört der Ramadan zu den fünf Säulen des Islam. Ein Hadith Mohammeds sagt: »Wer im Ramadan aus Glaube und Hoffnung auf den Lohn fastet, dem wird vergeben, was er an Sünden vorher begangen hat« (Hadith 2065 nach Khoury).

Was an jedem Abend des Ramadan mit dem gemeinsamen Mahl bereits anfanghaft gefeiert wird, wird nach Ende des Fastenmonats in den ersten drei Tagen des folgenden Monats *schauwāl* zu einem der beiden größten Feste des Islam, dem *Īd al-Fitr*, dem Fest des Fastenbrechens. In der Türkei wird das *Ramazan Bayramı* wegen der vielen Süßigkeiten, die bei diesem Fest angeboten werden, auch *Şeker Bayramı* genannt – Zuckerfest.

Īd al-Fitr ist ein fröhliches Fest, bei dem der Aspekt der Festgemeinschaft betont wird. An diesem Tag gehen viele Muslime nach einer rituellen Ganzkörperwaschung zuerst zum Gebet in die Moschee, doch dies geschieht freiwillig. Danach besuchen sie den Friedhof, was im Islam sonst sehr selten geschieht. Doch die Verstorbenen gehören auf ihre Weise auch zur Umma, zur muslimischen Gemeinschaft. Wichtiger als der Besuch in der Moschee und auf dem Friedhof ist allerdings der Besuch von Verwandten und dabei ein üppiges Festessen in großem Kreis. Man wünscht sich gegenseitig den »Segen des Festtages«. Allerdings gibt es zum Fest des Fastenbrechens auch die Empfehlung, die Armen in besonderer Weise mit Almosen (meist Speisen) zu beschenken, damit auch sie an der Freude des Festes teilhaben können (Fastenbrechenzakat). Auch darin zeigt sich die Verbundenheit der Umma. Viele Muslime fahren zum Id al-Fitr zurück in ihre Heimatorte. In streng islamischen Ländern sind während der drei Festtage alle Behörden, Schulen und Geschäfte geschlossen.

Īd al-Adhā (Opferfest)

Das *īd al-adhā* (Opferfest) ist das höchste Fest im Islam. Es findet am zehnten Tag des zwölften islamischen Monats *(dhū l-hiddscha)* statt, verschiebt sich also jährlich entsprechend der islamischen Kalenderberechnung gegenüber dem westlichen Jahr um elf Tage zurück. Dhū l-Hiddscha ist der Monat des muslimischen Hadsch, der Wallfahrt nach Mekka (vgl. Seite 86ff.). Das Opferfest gehört in Mekka für die Pilger zum notwendigen Ritual ihrer Hadsch und bildet am zehnten Tag einen der Höhepunkte und zugleich den Abschluss dieser Wallfahrt.

Aber auch über Mekka hinaus ist das Īd al-Adhā ein Fest für alle Muslime und wird überall auf der Welt gefeiert. Dies liegt am inneren Sinn dieses Festes, der gleichsam die von Muslimen geforderte Hingabe an Gott (= Islam) in ein Fest übersetzt. Beim Opferfest nämlich wird an Abraham und an dessen erstgeborenen (und deshalb auch erbberechtigten) Sohn Ismael erinnert. In der muslimischen Erzählung sollte

Abraham seinen Erstgeborenen Ismael Gott opfern. Wie dies genau ablief, lässt der Koran im Ungewissen: »Da verkündeten wir [Gott] ihm [Abraham] einen Jungen, einen sanftmütigen. Als er dann mit ihm den Lauf machen konnte [als Ismael herangewachsen war], sagte er [Abraham]: ›O mein Sohn, ich sah im Traum, dass ich dich schlachte‹« (Sure 37,101f.). Anders als in der biblischen Erzählung (Genesis 22), wo Isaak nur nach dem Opfertier fragt, entscheidet sich der koranische Ismael selbst zum Glauben: »O mein Vater, handle, wie dir befohlen. Du wirst mich, so Gott will, unter den Geduldigen finden« (Sure 37,102). Gott greift dann ein und verhindert das Menschenopfer, statt dessen wird ein Tier geopfert.

Abraham und Ismael, der später zum Stammvater der arabischen Stämme und damit von Mohammed und allen Muslimen wurde (nicht Isaak, der Zweitgeborene und Stammvater der Juden), werden somit zum Modell einer Hingabe an Gott; sie sind die ersten Muslime, die sich ganz, auch mit ihrem Leben, Gott ergeben. Durch das Opferfest sollen sich die Muslime aller Zeiten und Kulturen an diese Hingabe aus dem Glauben (vgl. Paulus im Römerbrief) nicht nur erinnern, sondern diese Haltung für ihr eigenes Leben übernehmen. Das Opferfest ist das zentrale Fest muslimischen Glaubens und der Hingabe an Gott, das macht seine unverzichtbare Bedeutung im Islam aus.

Der islamischen Legende nach sollen Ismael und seine Mutter Hagar, die Magd Abrahams, nach ihrer Verstoßung aus der Familie des Abraham durch die Wüste geirrt und bis in das Gebiet des heutigen Mekka gekommen sein, wo sie eine ihnen von Gott geschenkte Quelle (die beim Hadsch wichtige Quelle Zamzam) fanden. Der Hadsch spielt gleichsam die Geschichte Ismaels in seinen wichtigen Punkten nach. Abraham besuchte nämlich später seinen Erstgeborenen in der arabischen Wüste und baute mit ihm die Kaaba als Verehrungsort Gottes wieder auf, nachdem dieser bereits von Adam errichtete Bau durch die Sünden der Menschen zerstört worden war. Abraham, Ismael, Mekka, Kaaba, Islam und Opferfest gehören somit nahtlos zusammen.

Darauf bezieht sich auch das Tieropfer, das im Zentrum des Opferfestes steht und ihm auch den Namen gegeben hat: Weil Abraham und Ismael als Ersatzopfer und als Zeichen ihrer Glaubensbereitschaft einen Widder geopfert hatten, werden auch heute meist Schafe geopfert. Allerdings können auch andere Tiere (nur Paarhufer, keine Hühner etc.) entsprechend der finanziellen Situation einer Familie geopfert werden: Ziegen, Rinder, Kamele, Pferde, in Südostasien auch Wasserbüffel, allerdings nicht das unreine Schwein.

Das Opferfleisch wird beim Hadsch von den Pilgern verzehrt, in anderen Regionen von den feiernden Familien (meist Großfamilien). Zudem wird ebenso wie beim Īd al-Fitr ein Teil des Opferfleisches als Zakat an die Armen verteilt, wiede-

Verbrennen der Schafsköpfe zum Opferfest, Marokko

rum ein Zeichen der Solidarität innerhalb der Umma. In Sure 22,28 wird ausdrücklich zu dieser sozialen Handlung aufgerufen: »So esst davon und beköstigt den Notleidenden, den Bedürftigen.« Die Reste der Schlachttiere (Knochen, Schädel etc.) werden vor den Häusern der Festgemeinde verbrannt, damit vom Opfertier nichts übrigbleibt (vgl. das Bild aus Marokko auf Seite 173); die Felle allerdings wandern meist zum Gerber.

Wie beim Īd al-Fitr gehören neben dem Festmahl auch der hier allerdings verpflichtende Besuch von Moscheen am Morgen und der Besuch der Gräber von Verwandten auf dem Friedhof zum empfohlenen Ritual des Īd al-Adhā.

Maulid an-Nabī (Geburtstag des Propheten)

Das Geburtsfest Mohammeds hat im Islam keineswegs die Bedeutung wie das christliche Weihnachten oder Vesakh als Geburtsfest des Buddha (dies zudem als Erinnerung an Buddhas Erleuchtung, erste Predigt und Eingang ins Nirvana). *Maulid an-nabī* wird am 12. Tag des dritten Monats *(rabī' al-awwal)* im islamischen Kalender gefeiert. Allerdings geschieht dies nur in einigen islamischen Ländern (etwa in Südostasien mit Malaysia und Indonesien), denn das Datum der Geburt Mohammeds ist historisch nicht sicher festzulegen. Zudem werden in streng islamischen Ländern Einwände gegen die Verehrung nicht nur der islamischen Heiligen, sondern selbst Mohammeds erhoben, da es im Islam keinen Personenkult geben darf und eine Verehrung allein Gott gebührt. Zudem ist dieses Fest – anders als Īd al-Fitr und Īd al-Adhā – nicht zur Zeit des Propheten, sondern erst später im 11. Jahrhundert entstanden, als man sich stärker auf das Leben und damit auch auf die Geburt und Kindheit des Propheten besann – eine sehr ähnliche Entwicklung kennt das Christentum mit der Entstehung des Weihnachtsfestes erst im 4. Jahrhundert, als man sich stärker mit der Gestalt Jesu als Gott und Mensch beschäftigte.

Am Maulid an-Nabī werden Prophetenlegenden und Prophetenbiografien gelesen, auch werden viele Hadithe in Erinnerung gerufen, die etwas über das Denken, Lehren und die Handlungen Mohammeds aussagen. Hinzu kommen im öffentlichen Bereich Ansprachen – vor allem geschieht dies in islamisch regierten Ländern, deren Regenten sich dadurch in eine Linie mit der Rolle Mohammeds als Staatsoberhaupt (etwa durch die Gemeindeordnung von Mekka, vgl. Seite 40) stellen. Im familiären Bereich gibt es aufwändige Mähler, bei denen man Mohammeds gedenkt. In Indonesien finden zum Geburtstag des Propheten auch Festumzüge mit bunt gestalteten Festwagen, Musikaufführungen und Jahrmärkten statt – der Maulid an-Nabī ist ein buntes Fest, das dem Islam in dieser Region ein ganz eigenes und überraschendes Gesicht gibt.

☪ Lebenslauf

Stärker als in anderen Religionen stehen im Islam alle Lebensbereiche unter dem Vorzeichen und den Regeln muslimischen Glaubens. Das gilt nicht nur für die Gesellschaft und staatliche Ordnung insgesamt, sondern auch für den individuellen Lebenslauf, für den privaten Bereich, in dem der Muslim nach der Rechtleitung Gottes sein Leben gestalten soll. Deshalb hat der Islam Einwirkungen auf das Leben eines Gläubigen. Besonders an den Lebenswenden Geburt, Eheschließung und Tod wird das deutlich. Aber auch die Erziehung in religiösem Kontext und die Gestaltung des Familienlebens sind von Bedeutung. In den folgenden Abschnitten werden deshalb einige Aspekte des muslimischen Lebenslaufes betrachtet.

Schwangerschaft und Geburt

Unfruchtbarkeit ist in vielen traditionell islamischen Ländern ein persönlicher Makel, der immer der Frau angelastet wird. Umgekehrt ist eine Schwangerschaft für die ganze Familie, besonders aber für die werdende Mutter, ein Grund zur Freude. Schwangere unterliegen besonderem Schutz, wobei darüber diskutiert wird, ob Schwangere im Monat Ramadan fasten müssen. Teilweise wird dies der Frau freigestellt, teilweise darauf verwiesen, dass man ja statt des Fastens eine Ersatzhandlung – das Speisen von Armen – vornehmen kann. Weil die

Frau aber ihr ungeborenes Kind »speist«, brauche sie per se nicht zu fasten.

In traditionellen Gesellschaften gibt es zusätzlich einige Regeln für Schwangere, die an magisches Denken erinnern: Die schwangere Frau darf nicht an Begräbnissen teilnehmen, sie soll stattdessen in besonderer Weise schöne Dinge ansehen und viele Süßigkeiten essen. Dies nämlich soll die Wahrscheinlichkeit erhöhen, dass das Kind ein Junge wird – in patriarchalischen Gesellschaften nach wie vor wichtig.

Die Geburt soll, wo immer möglich, auf natürliche Weise geschehen; Kaiserschnittgeburten sind nur erlaubt, wenn ein medizinischer Notfall vorliegt. Traditionell gilt die Nabelschnur als Teil des Kindes und wurde früher im Hof einer Moschee oder unter der Hausschwelle vergraben – das aber ist heute kaum noch möglich.

Mit der Geburt eines Kindes ist kein verpflichtender religiöser Ritus verbunden, so wie dies Judentum bei Jungen mit der Beschneidung am achten Lebenstag (vgl. Seite 178) und Christentum mit der Taufe kennen. In der Regel lädt die Familie am siebten Tag nach der Geburt ihre Verwandtschaft und Nachbarschaft zu einem Fest *(aqīqa)* ein. Dabei gibt es nicht nur ein Festmahl, sondern man spricht auch Gebete, in denen der Schutz Allahs auf das Kind herabgerufen wird. Wo immer möglich wird dabei auch ein Opfertier geschlachtet, das Haupthaar des Kindes rasiert und schließlich der Namen des Kindes festgelegt.

Wohl aber gibt es ein kleines Ritual, durch die ein Kind in die Umma, die Gemeinschaft der Muslime aufgenommen wird: Der Vater (oder ein anderer männlicher Verwandter) flüstert dem Neugeborenen möglichst bald nach der Geburt die Schahāda, das muslimische Glaubensbekenntnis ins rechte Ohr: »Es gibt keinen Gott außer dem einzigen Gott; Mohammed ist der Gesandte Gottes.« Dieses Ritual bedeutet die Aufnahme des Kindes in den Islam mit allen Rechten und (später) auch Pflichten. Ein Austritt aus dieser Gemeinschaft ist dann nicht mehr möglich (vgl. Seite 127).

Beschneidung (Chitān)

Die Beschneidung von Jungen ist seit dem pharaonischen Ägypten im Vorderen Orient und Nordafrika gebräuchlich. Sie wird heute in vielen Ländern praktiziert, hat aber nur selten medizinische Gründe, sondern beruht auf alten Traditionen, die kaum hinterfragt werden.

Im Judentum kam zu dieser traditionellen Beschneidung spätestens seit der Exilszeit (6. Jh. v. Chr.) die Beschneidung aus religiöser Motivation hinzu: In den im Exil endgültig formulierten Texten der Bücher Genesis bis Deuteronomium verband man sie mit dem Stammvater jüdischen Glaubens, mit Abraham. Ab Abraham, so diese theologische Sicht, ist die Beschneidung des männlichen Kindes ein Zeichen der Zugehörigkeit zum Volk Israel. Für Juden war und ist deshalb die Beschneidung das Bundeszeichen, welches den Gläubigen mit Gott verbindet. Im Judentum wird die Beschneidung in der Regel am achten Lebenstag vorgenommen, bei dieser Feier wird auch offiziell der Name vergeben.

Jesus ist dementsprechend auch beschnitten worden (vgl. Lk 2,21). Doch durch den Einspruch des (jüdischen) Paulus wurde das jüdische Beschneidungsgebot in der jungen Kirche nicht auf Heidenchristen angewandt, um eine Konversion der Heiden leichter zu ermöglichen. Paulus geht es um eine »Beschneidung des Herzens« (Röm 2,28), das bedeutet, es geht ihm um den Glauben des Abraham, der von Christen nachgeahmt werden soll.

Der Islam übernimmt zum einen die traditionellen Beschneidungsbräuche der vorislamischen arabischen Stämme, zum anderen verweist er auf Abraham, den aus islamischer Sicht ersten Muslim, der damit auch im Punkt Beschneidung zum Vorbild wird. Zudem waren fast alle im Koran (und in der Bibel) genannten Propheten Juden und unterlagen der Beschneidung – auch sie sind ein Modell für eine islamische Lebensordnung, zu der für Jungen die Beschneidung gehört.

Im Koran allerdings taucht eine Forderung nach Beschneidung (arabisch *chitān*) nicht auf, wohl aber gibt es Hadithe dazu; auch soll Mohammed für die Beschneidung seiner Enkel gesorgt haben. Zudem soll er gefordert haben, dass nur ein beschnittener Mann am Hadsch teilnehmen dürfe; ob er selbst beschnitten war, ist unsicher. Einige islamische Rechtsschulen (vgl. Seite 54) halten deshalb die Beschneidung für verpflichtend *(fard)*, andere nur für empfohlen *(mandūb)*. Die Beschneidung eines Jungen hat dabei zwischen dem siebten Lebenstag und der Pubertät stattzufinden.

Kleine Prinzen – Beschneidungsfeier in Skopje, Nord-Mazedonien

Die Praxis der einzelnen islamischen Länder ist unterschiedlich: In den arabischen Staaten wird kurz nach der Geburt beschnitten, in der Türkei, Nordafrika, Westafrika, Indonesien und anderen Ländern dagegen erst um das zehnte Lebensjahr. Zur Beschneidung gehört ein Fest der Familie, denn dieses Ritual zeigt – körperlich – die Hingabe eines Jungen und seiner Familie an Gott (vergleichbar dem Gedanken des Bundesschlusses bei Juden). Für dieses Fest können sich mehrere Familien zusammentun und gemeinsam ein größer angelegtes Beschneidungsfest feiern; die Jungen werden dabei – zum Trost für den schmerzhaften Vorgang – als kleine Prinzen ausstaffiert und mit Süßigkeiten gefüttert. Dazu gibt es eigene Festgewänder für die Jungen (»Hochzeitsgewänder«). Findet die Beschneidung bei älteren Jungen kurz vor der Pubertät statt, kann sie auch als Initiationsritual verstanden werden (Aufnahme in die Gemeinschaft der erwachsenen Männer).

Unter die islamischen Beschneidungsvorschriften fällt in keiner Weise die in manchen Ländern Ostafrikas nach wie vor verbreitete Beschneidung der Mädchen. Diese Genitalverstümmelung hat mit dem Islam nichts zu tun, sondern geht dort auf vorislamisches Brauchtum zurück – die meisten Muslime lehnen diese Körperverletzung vehement ab.

Religiöse Erziehung

Die religiöse Erziehung von Kindern und Jugendlichen findet in der Regel in den drei Feldern Familie, religiöse Gemeinschaft und gesellschaftliches Umfeld statt. Die religiöse Erziehung kann dabei explizit (etwa Schulunterricht) stattfinden oder ein Lernen durch Mitwirken (etwa in der Familie bei religiösen Festen) bedeuten. Auch in säkularen Gesellschaften kommen zudem Einflüsse auf die religiöse Erziehung eines Kindes permanent aus dessen Umfeld.

Grundlage der religiösen Erziehung im Islam sind der Koran und (in der Sunna) die Hadithe. Hier wird die Rechtleitung Gottes sichtbar, welche die Kinder in einem fortschreitenden Prozess in ihr Leben übernehmen sollen. Der Koran mit seinen Weisungen ist deshalb auch in der Erziehung die wichtigste Schrift, gleich ob in der Familie oder in der Moschee oder im (in Deutschland sich allmählich entwickelnden) Religionsunterricht auch in staatlichen Schulen.

Im Islam finden sich die drei Träger religiöser Erziehung in unterschiedlicher Weise. Vorab ist es natürlich die Familie, die ein Kind in religiöse Rituale zuhause oder in der Moschee integriert und so ein unbewusstes Lernen möglich macht. Vor allem bei religiös bestimmten Festen kann eine Verwurzelung des Kindes in seiner Religion erfolgen. Auch eine Ersteinführung in die fünf Säulen des Islam erfolgt in der Familie. Dies gilt vor allem für das tägliche Gebet, mit zunehmendem Alter auch für das Fasten im Ramadan. Das Vorbild der Eltern (und der älteren Geschwister) ist für den religiösen Werdegang eines Kindes von hohem Wert.

Zu dieser Grundlage kommt die religiöse Erziehung in den Einrichtungen der muslimischen Umma hinzu. Mit zunehmendem Alter kann und soll dies zunehmend die Mitnahme eines Kindes zum Freitagsgebet bedeuten. Zwar ist ein Muslim erst ab der Pubertät voll für seine Ausübung von Religion verantwortlich, doch soll er zu dieser Verantwortung bereits früh hingeführt werden.

Dazu können auch Institutionen helfen. Zur Moscheengemeinde gehört in der Regel auch eine Koranschule, in der die Kinder mit dem Koran umgehen lernen. Dies bedeutet traditionell zuerst einmal das Lernen von Arabisch, da der Koran in seiner Ursprache gelesen werden sollte. Es gibt allerdings Gemeinden, wo dies nicht geschieht, sondern die arabischen Verse des Korans ohne Verständnis auswendig gelernt werden – eine solche Praxis ist kaum hilfreich. Vielerorts wird deshalb der Koran in den jeweiligen Muttersprachen gelehrt, wohl aber wichtige Verse auch in Arabisch vorgetragen. Über die Kenntnis des Korans hinaus werden Kinder in der Koranschule auch in die religiöse Praxis ihrer Religion eingeführt.

Hinzu kommt in Deutschland zunehmend eine islamische »Unterweisung« oder ein islamischer Religionsunterricht in den staatlichen Schulen. Dies allerdings stößt auf die Schwierigkeit, dass der Staat nicht die Inhalte des Religionsunterrichts festlegen kann, es für ihn – anders als bei den christlichen Konfessionen – aber keinen für alle Muslime verbindlichen islamischen Partner gibt, der dies tun kann. Man versucht, durch Beiräte muslimischer Gruppen Regelungen zu treffen; an verschiedenen Fakultäten in Deutschland werden inzwischen islamische Religionslehrer ausgebildet.

Eheschließung und Scheidung

Wie in anderen Religionen zählt die Ehe auch im Islam als Fundament der Gesellschaft und unterliegt deshalb besonderen rechtlichen Regelungen der Scharia und des staatlichen Gesetzes islamischer Länder. Die Ehe zwischen Mann und Frau soll besonders geschützt werden; eine gleichgeschlechtliche Ehe gibt es in islamischen Ländern nicht, homosexuelle Beziehungen sind in streng islamischen Ländern mit hohen Sanktionen bis zur Todesstrafe belegt.

Die islamische Ehe *(nikāh)* unterliegt zwar der Scharia, damit einer religiösen Ordnung, welche die aus Koran und

Hochzeitspaar in Festkleidung, Sumatra, Indonesien

Hadithen gefolgte Rechtleitung Gottes in den Alltagsbereich transferiert. Die Ehe ist aber im Islam kein religiöses Tun, kein Sakrament im katholischen oder orthodoxen Sinn. Die Ehe ist deshalb ein zivilrechtlicher Vertrag, eine religiöse Zeremonie in der Moschee ist nicht gefordert. Die Ehe ist der einzige Lebensbereich, in dem die sonst übliche Trennung zwischen den Geschlechtern aufgehoben ist. Die Ehe wird als natürliche Sache für alle Menschen angesehen; einen Zölibat etwa für Imame gibt es grundsätzlich ebenso wenig wie bei Rabbinern im Judentum.

Die Ehe ist grundsätzlich auf eine möglichst lebenslange Dauer hin angelegt; allein in der Schia gibt es zusätzlich eine Ehe auf Zeit *(mut'a)*, die zwar auch rechtlich (vor einem Notar) abgeschlossen wird, allerdings nur kurz (eventuell nur wenige Stunden) gilt und bei der eine Ablösesumme für die Frau festgelegt wird. Von der Sunna wird diese Form als Legalisierung der Prostitution abgelehnt.

Obwohl im Islam gewünscht wird, dass eine Ehe lebenslang dauern soll, ist eine Scheidung möglich. Auch dies ist wie die Eheschließung kein religiös bedeutsamer Akt, sondern eine zivilrechtliche Vereinbarung (beides ähnelt eher dem protestantischen Eheverständnis). Vor einer Scheidung soll eine Schlichtung durch eine neutrale Person versucht werden. Zudem müssen die Partner drei Monate getrennt gelebt haben, bevor eine Scheidung wirksam werden kann. Nach dem vorislamischen Gewohnheitsrecht hatte allein der Mann das Recht zur Scheidung, im alten Recht durch eine dreimalige Verstoßungsformel. In den heutigen Gesellschaften sind die Scheidungsformalien dem jeweiligen staatlichen Recht angepasst, damit auch Versorgungsansprüche geklärt werden. Meist geht dies aber aus dem Ehevertrag hervor.

Heftig umstritten ist Sure 4,3, in dem einem Muslim bis zu vier Frauen erlaubt sind. Allerdings setzt der Vers eine gerechte Behandlung aller Frauen voraus, die meist nicht möglich ist. Hinter dieser Regelung (Mohammed ist mit seinen Frauen sogar über die erlaubte Zahl hinausgegangen) stand die Situation der arabischen Stämme, in denen es aufgrund der ständigen Kriege eine große Zahl von Witwen gab, die durch eine Heirat (auch als Zweit-, Dritt- oder Viertfrau) eine angemessene Versorgung für sich und die Kinder erlangen konnten. Weil dies in heutigen Gesellschaften nicht länger zutrifft, ist in fast allen islamischen Ländern die Polygamie verboten.

Ein muslimischer Mann kann entsprechend Sure 5,5 eine jüdische oder christliche Frau heiraten; eine Muslima dagegen darf sich nach Sure 2,221 keinen Nichtmuslim als Partner aussuchen. Dahinter steht die entsprechend der damaligen Gesellschaft patriarchalische Auffassung, dass die Kinder jeder Ehe der Religion des Vaters folgen – damit soll verhindert werden, dass die Kinder einer Muslima eine andere Religion als den Islam annehmen. Die Konversion des nichtmuslimischen Ehepartners zum Islam ist erwünscht – im Eherecht wie in allen gesellschaftlichen Bereichen geht es also darum, den Islam als die wahre Religion zu stärken.

Für die Eheschließung braucht die Frau in traditionellen Gesellschaften einen Ehevormund (meist Vater, Onkel oder ein anderer männlicher Angehöriger). Dieser Ehevormund kann nach traditionellem Recht eine Frau sogar gegen ihren Willen zur Ehe zwingen – ein Problem, das unter dem Stichwort »Zwangsheirat« diskutiert wird. Der Koran erwähnt eine solche Möglichkeit nicht. Dieser Zwang ist in den meisten Ländern durch staatliches Recht verboten, wird aber manchmal gesellschaftlich noch toleriert.

Die eigentliche Eheschließung erfolgt in der Regel dadurch, dass die beiden Partner vor zwei Zeugen den Ehevertrag (Heiratszertifikat) unterzeichnen; manchmal ist auch ein Imam anwesend, der Sure 1 rezitiert. Die Braut erhält dann eine Hochzeitsgabe (etwa einen Ring). An diese Zeremonie schließt sich meist ein großes Hochzeitsfest mit Musik und einem üppigen Mahl an, das von vielerlei traditionellen Bräuchen bestimmt ist (in Westafrika anders als in den Emiraten und wieder anders in Indien oder Indonesien). Oft feiern Männer und Frauen dabei getrennt.

Sexualität

Die Liebe zwischen Partnern und die Sexualität wird im Islam als gutes Geschenk Gottes angesehen, das der Mensch dankbar annehmen soll. Unter (verschlüsseltem) Verweis auf die biblisch-koranische Erzählung von Adam und Eva heißt es in Sure 30,20f.: »Zu seinen [Gottes] Zeichen gehört, dass er euch erschaffen hat aus Erde. Da seid ihr Menschen geworden, die sich vermehren. Und zu seinen Zeichen gehört, dass er euch aus euch selbst Frauen erschaffen, auf dass ihr ruht bei ihnen. Und geschaffen hat er zwischen euch Liebe und Barmherzigkeit.« Die Sexualität soll aber geordnet in der Ehe gelebt werden, deshalb wird allen Muslimen empfohlen zu heiraten: »Und verheiratet die Ledigen unter euch und die Rechtschaffenen unter euren Sklaven und Sklavinnen« (Sure 24,32). Nach einem Hadith (2905 nach Khoury) hat Mohammed sogar einem Anhänger verboten, zölibatär zu leben – dies mit der Begründung, dass sich die Männer damit unerlaubt zu Eunuchen machen. Eine positive Sicht der Sexualität (aus patriarchalischer Sicht) klingt in Sure 2,223 an: »Eure Frauen sind ein Saatfeld für euch. Geht zu eurem Saatfeld, wo ihr wollt. Doch schickt für euch [eine Gabe] voraus. Und fürchtet Gott: Ihr werdet ihn treffen.«

Vorehelicher oder außerehelicher Geschlechtsverkehr dagegen wird als Unzucht und Schändlichkeit verstanden (etwa Sure 17,32); Ehebruch streng sanktioniert. Hinter dem Verbot des Ehebruchs steht traditionell der Gedanke, dass ein Mann seine Frau(en) »besitzt«, dass damit der Ehebrecher sein Eigentum raubt. Deshalb sollen nach Sure 24,2 Ehebrecher und Ehebrecherin mit Peitschenhieben bestraft werden; eine Steinigung, wie sie Saudi-Arabien, Iran oder Pakistan vorsehen, ist im Koran nicht enthalten. Der sogenannte »Steinigungsvers«, der zu Sure 33 gehören soll, ist nicht als ursprünglich nachweisbar – ein solcher zur Steinigung aufrufender Vers geht wahrscheinlich auf traditionelle Bräuche der vorislamischen Gesellschaft zurück, die später von strengen Rechtsgelehrten auch für den Islam als verbindlich angesehen wurden.

Homosexualität wird vom Islam streng verworfen; homosexuelle Handlungen werden in einigen Ländern mit Todesstrafe oder schweren Körperstrafen wie Auspeitschung sanktioniert. Doch hat es bis ins 20. Jahrhundert hinein muslimische Gesellschaften gegeben, in den Homosexualität als eine der Spielweisen menschlicher Sexualität toleriert wurde. Zur weiblichen Homosexualität wird im Islam in der Regel keine Stellung genommen.

Empfängnisverhütung ist im Islam erlaubt; mehrere Hadithe sprechen davon, dass Mohammed den Coitus interruptus nicht verboten hat. Dies wird angewandt auf alle heute möglichen Formen der Verhütung auch mit künstlichen Mitteln, wenn beide Partner einverstanden sind und dies nicht dauerhaft (etwa durch Sterilisation) geschieht – eine dauerhafte Verhütung würde dem Auftrag des Menschen widersprechen, Nachwuchs zu zeugen.

Eine Abtreibung wird im Islam als schwere Sünde, weil als Tötung eines von Gott geschaffenen Wesens betrachtet. Allerdings gehen die Meinungen darüber auseinander, ab wann ein Fötus eine rechtlich zu schützende Person sei. Manche Rechtsgelehrte sind der Auffassung, dass menschliches Leben ab der Zeugung zu schützen sei, eine Abtreibung sei nur dann das kleinere Übel, wenn das Leben der Mutter in Gefahr sei. Andere Gelehrte folgen den traditionellen Vorstellungen, dass erst nach einem Zeitraum von 3 x 40 Tagen der Embryo eine von Gott geschaffene und von einem Engel überbrachte Seele erhält und damit eine Abtreibung bis zum vierten Monat erlaubt sei. Über eine Abtreibung behinderter Embryos über diesen Zeitraum hinaus wird diskutiert.

Familie

Unter Familie wird meist eine Lebensgemeinschaft von zwei Eltern mit ihren Kindern verstanden. Allerdings gibt es in westlichen Gesellschaften zunehmend auch sehr unterschiedliche Familienmodelle, die weithin toleriert werden – von der Einelternfamilie über nichteheliche Lebensgemeinschaften bis zu Stiefeltern und Regenbogenfamilien gleichgeschlechtlicher Partner.

Im Islam wird die traditionelle Familie zweier Verheirateter (Mann und Frau) mit Kindern hoch geachtet. Durch die Ordnung der Familie wird der Rechtleitung Gottes gefolgt, die die Familie als grundlegende Struktur jeder Gesellschaft ansieht. Dabei wird die »Pflicht« der Heirat für den Muslim durch die »Pflicht« ergänzt, Nachkommenschaft zu zeugen. Die Familie in ihrer gegenseitigen Liebe und Fürsorge erfüllt nicht nur die materiellen Bedürfnisse von Menschen, sondern auch ihre emotionalen. So fordert Mohammed in mehreren Hadithen dazu auf, die Kinder zu küssen und zu liebkosen, und begründet das mit dem Erbarmen Gottes: »Wer kein Erbarmen zeigt, erfährt auch kein Erbarmen [von Gott]« (Hadith 2666 nach Khoury).

Ebenso wie das biblische Elterngebot (Exodus 20,12) auf Erwachsene hin gesprochen ist, die ihre (alt gewordenen) Eltern gut behandeln sollen, verweist auch der Koran auf die Dankbarkeit, die erwachsene Kinder dazu führen soll, für ihre alten Eltern zu sorgen: »Behandelt die Eltern gut! Wenn einer oder beide bei dir alt geworden, so sag nicht zu ihnen ›Oh!‹ und fahre sie nicht an, sondern sprich zu ihnen Worte, edle! ... sag: ›Mein Herr, erbarme dich ihrer, wie sie mich aufgezogen, als sie klein waren!‹« (Sure 17, 23f.)

Über die Kernfamilie hinaus wird von Muslimen Pietät gegenüber Verwandten gefordert. Diese Forderung erinnert an die alten Stammes- und Clanverbindungen, ohne deren Schutz ein Mensch in den unwirtlichen Steppen und Wüsten Arabiens nicht überlebt hätte; sie macht aber auch den Willen Gottes deutlich: »Es betritt das Paradies nicht, wer die Verwandtschaftsbande zerreißt« (Hadith 2675 nach Khoury).

Tod und Begräbnis

Der Islam fußt in seinen Vorstellungen von Tod und einem Leben im Jenseits, von Gericht und Auferweckung auf der jüdisch-christlichen Tradition, die Mohammed gekannt hat. Für Muslime ist der Glaube an die Auferweckung der Toten eine der konstitutiven Wahrheiten ihrer Religion. Das liegt darin begründet, dass man Gott nicht nur als den Schöpfer versteht, der den Anfang allen Lebens setzt (sowohl bei der Schöpfung der Welt am Anfang wie auch in jedem individuellen Leben durch die Gabe der Seele an den Embryo im Mutterleib). Gott ist zudem der »Neuschöpfer«, der den Menschen nach seinem Tod zur Auferweckung ruft und zur Vollendung führt. Gott ist der Erbarmer und Rechtleitende, aber zugleich auch der Richter und Vollender. Er ist der Mächtige, der Leben schafft und Leben beendet.

Dieser grundlegende Glaube wird in einzelnen Vorstellungen von Gericht, Paradies und Hölle differenziert und ausgestaltet. Dabei klingt an, dass das Handeln des Menschen entscheidend ist für sein Leben im Jenseits: Wer hier in dieser Welt gläubig ist, sich Gott hingibt (Islam) und zugleich gute Werke tut, der empfängt im Jenseits den Lohn für diese religiös geforderte Verbindung von Gottes- und Nächstenliebe. Wer sich allerdings in dieser Welt dem Willen Gottes, seiner Rechtleitung, verweigert, wer ungläubig ist, dem wird im Jenseits der Zugang zum Paradies verwehrt, er wird hinabgestoßen in die Feuerwelt der Hölle.

Der Islam geht von der Hinfälligkeit allen Lebens aus; der Mensch stammt von der Erde und kehrt zur Erde zurück. Deshalb ist im Islam allein die Erdbestattung erlaubt (s.u.). Der

Mensch muss sich der Kontingenz allen Lebens bewusst sein – dies ist ein wesentliches Argument für ein Leben aus dem Glauben. Die Güter der Erde sind diesem hinfälligen Wesen Mensch nur für eine gewisse Zeit zur Nutznießung übergeben, doch sein Blick muss bei allem darüber hinausgehen. Sure 4,77f. macht dies deutlich: »Die Nutznießung des Diesseits ist gering, und das Jenseits ist besser für die, die fürchten Gott ... Wo ihr auch seid, euch ereilt der Tod, und wärt ihr in Burgen, in hochgebauten.«

Der Tod trifft alle ohne Unterschied – dies entspricht der grundsätzlichen Gleichheit aller Gläubigen in der muslimischen Umma. Was aber kommt danach?

Die Bücher der jüdisch-christlichen Bibel gehen von einer Einheit des Menschen von Leib, Geist, Seele aus, gleich wie man diese Aspekte des Menschen definiert. In der christlichen Tradition bereits der ersten Jahrhunderte (und diese Traditionen hat Mohammed kennengelernt) gab es allerdings Einflüsse der vorchristlichen griechischen Philosophie (Platon) in christliches Denken. Diese führten zu einem Verständnis, das den irdischen und hinfälligen Leib von einer überirdischen und unsterblichen Seele trennte. Solche nichtbiblischen Vorstellungen von Leib und Seele bestimmen auch den Islam, wurden dort aber nicht so stark betont wie später im mittelalterlichen Christentum (wo deshalb auch die Vorstellung des Fegefeuers als Zwischenstadium entstand – dies gibt es im Islam nicht). In der Regel geht man im Islam zwar von einer Trennung von Leib und Seele aus, doch mit dem Tod kommen beide an ihr Ende – der ganze Mensch stirbt. Doch weil Gott der Erbarmer ist, kommt es zur Neuschöpfung des ganzen Menschen nach dessen Tod – der Gläubige kann sich in Vertrauen und Hoffnung an seinen Gott halten.

Sure 21,35 formuliert: »Jede Seele kostet den Tod ... zurückgebracht werdet ihr zu uns [Gott]).« Dies geschieht durch den *malik al-maut* (den Engel des Todes, König des Todes). Jenseits der Schwelle des Todes aber folgt für alle Menschen das Gericht. Die guten und bösen Taten eines Menschen werden nun auf einer Waage gegeneinander abgewogen. Dies geschieht – ähnlich in christlichen Vorstellungen – durch den Erzengel Michael. Danach müssen die Verstorbenen über eine messerscharfe Brücke gehen, die Cinvat-Brücke, eine Vorstellung, die aus dem persischen Zorastrismus stammt. Über diese Brücke können die Guten die Gärten des Paradieses erreichen, die Bösen aber fallen herunter in das Feuerelend der Hölle.

Die Vorstellungen von Hölle und Paradies (islamisch) beziehungsweise Himmel oder Reich Gottes (christlich) sind im Islam und Christentum sehr ähnlich: Es geht um Projektionen von Glück beziehungsweise Unglück, Freude und Leid in die jenseitige Welt. Deshalb wird – fantasievoll – von den Qualen der Hölle ebenso geredet wie von den Freuden der Himmel. Dort befinden sich – für Wüstenbewohner eine ebenso einleuchtende wie verlockende Vorstellung – üppige Gärten mit ausreichend Wasser, sodass Blumen und reich tragende Dattelpalmen vorhanden sind. An Quellen gelagert kann der Gläubige in diesem Paradies (von persisch *pairi-daeza* = ummauerter Garten) Essen und Trinken genießen und ist umgeben von Paradiesjungfrauen und schönen Jünglingen, die bedienen, dazu gibt es Wein im Übermaß, der aber nicht betrunken macht. Alles Vorstellungen einer patriachalischen Männerwelt, dazu ein dauerhafter Friede, keine Stammeskämpfe mehr, eine Harmonie unter den Menschen und mit Gott: »Gott hat an ihnen Wohlgefallen und sie haben an Gott Wohlgefallen« (Sure 98,8).

Jeder Gläubige muss also für das Jenseits aus eigener Kraft dadurch vorsorgen, dass er sich Gott hingibt und gute Werke tut. Es ist im Islam umstritten, inwieweit es eine Vorherbestimmung durch Gott gibt, die das Handeln und damit auch das jenseitige Schicksal des Einzelnen vorgibt. Die vielen Aufrufe des Islam zum Glauben und zu guten Werken würden allerdings keinen Sinn ergeben, wenn das Schicksal des Menschen bereits endgültig festgelegt wäre. Wohl aber nimmt ein gläubiger Muslim alles im Leben an, ob Gutes oder Schlechtes – es ist von Gott als Belohnung oder Prüfung geschickt.

Viele Hadithe erinnern daran, dass Mohammed dazu aufgerufen hat, sich um Sterbende zu kümmern und Verstorbene angemessen zu bestatten. Den Sterbenden, so Hadith 1846 (nach Khoury) soll das Erbarmen Gottes als Frohbotschaft verkündet werden. Denn dann wird er dies als Hoffnung für sich annehmen können und das lieben, was ihm bevorsteht – Sterben und in das Paradies Gottes eingehen: »So liebt er die Begegnung mit Gott, und Gott liebt die Begegnung mit ihm.« Ungläubigen allerdings, so der gleiche Hadith, sollen die Pein Gottes und die Höllenstrafen verkündet werden, damit sie umkehren und zum Glauben finden. Zur Begleitung des Sterbeprozesses werden Koransuren gebetet, vor allem *al-fātiha*, die Sure 1, welche die koranische Botschaft des erbarmenden Gottes zusammenfasst. Im Augenblick des Todes soll dem Sterbenden die Schahāda, das islamische Glaubensbekenntnis ins rechte Ohr geflüstert werden – dies erinnert daran, dass nach der Geburt der Vater des Kindes dem Neugeborenen ebenfalls die Schahāda in Ohr flüstert: Von der Geburt bis zum Tod steht der Mensch in Beziehung zu Gott, dem Allerbarmer, er kommt von Gott und kehrt zu ihm zurück, um Rechenschaft über sein Leben abzulegen.

Ist ein Muslim gestorben, muss der Leichnam für die Bestattung rituell vorbereitet werden. Dazu gibt der Koran keinerlei Hinweise, die Hadithe nur bedingt, sodass die traditionellen Rituale der jeweiligen Gesellschaften vom Islam übernommen wurden. Die Vorbereitung geschieht – ähnlich in anderen Religionen – durch die Leichenwaschung, die der rituellen Ganzkörperwaschung etwa zu Beginn des Ramadan entspricht. Die Waschung wird in der Regel von einem unmittelbaren Angehörigen vorgenommen und zwar von einem Mann für einen Mann, von einer Frau für eine Frau – ein letzter Dienst am Verstorbenen. Die Waschung kann mehrfach, aber immer in ungerader Zahl erfolgen; bei der letzten Waschung darf das Wasser mit Rosenöl oder anderen Duftstoffen versetzt sein. Auch kann eine Salbung des Leichnams mit Kampferöl oder anderen Ölen stattfinden.

Nach der Waschung wird dem Verstorbenen das Totenkleid angelegt. Dies ist ein einfaches, weißes Kleid ohne jeden Schmuck oder Verzierung. Es können auch mehrere Tücher gewählt werden, etwa diejenigen, die beim Hadsch als Unter- und Obergewand verwandt wurden. Allerdings muss auch der Kopf des Toten verhüllt werden. Oft wird statt zugeschnittener Gewänder auch ein weißes Leichentuch gewählt, in das der Tote eingewickelt wird.

Muslimischer Friedhof, Medan, Sumatra, Indonesien

Nach der rituellen Reinigung und dem Einwickeln in das Totenkleid oder Leichentuch sprechen die Angehörigen am Leichnam stehend das Totengebet in Richtung Mekka, in dem sie ihren Glauben an Gott ausdrücken und ihr Vertrauen darauf, dass dem Verstorbenen die Sünden vergeben werden und er gereinigt von aller Schuld ins Paradies gelangen kann.

Der Leichnam soll im Leichentuch in die Erde gelegt werden – der Islam kennt von seinen Ursprüngen her keinen Sarg. Da in Deutschland jedoch Sargpflicht bei Erdbestattungen gilt, gibt es mancherorts die Möglichkeit, den in ein Leichentuch eingewickelten Verstorbenen in einem Sarg bis zum Grab zu transportieren und dann durch eine Öffnung am Kopf des Sarges in die Erde gleiten zu lassen. Eine Bahre mit dem Leichnam beziehungsweise ein Sarg soll von den Angehörigen bis zum Grab getragen werden; Muslime aber, die dem Leichenzug begegnen, sollen ein Stück des Weges mitgehen.

Eine Feuer- oder Seebestattung oder gar andere Bestattungsformen, die heute in der westlichen Welt möglich sind, sind im Islam nicht erlaubt. Der Tote muss in der Erde beigesetzt werden, das Gesicht möglichst nach Mekka gewendet, um dadurch den muslimischen Glauben auszudrücken.

Eine Bestattung soll so schnell wie möglich erfolgen, noch am Todestag oder spätestens am Tag danach. Das wird von Muslimen damit begründet, dass die Seele schnell zum Gericht aufsteigen soll. Allerdings sind für die schnelle Bestattung in den arabischen Ländern wohl eher hygienische Gründe angesichts des heißen Klimas wichtig. In einer Moschee oder einem Raum auf dem Friedhof kann ein kurzer Gottesdienst vor der Grablegung stattfinden, bei dem ein Imam Suren des Korans spricht und der Ritus des täglichen Gebetes (allerdings ausschließlich stehend) vollzogen wird.

Muslimische Friedhöfe sind gegenüber christlichen oder chinesischen Friedhöfen ausgesprochen schlicht; die Gräber werden von den Hinterbliebenen nicht mit Blumen oder anderen Gaben geschmückt. So erinnert der muslimische Friedhof eher an einen jüdischen, bei dem die Angehörigen nur Steine auf die Grabstellen legen, es aber ebenso weder Blumen noch Kerzen gibt. Der Tote ist zwar in die Erde des Grabes gelegt worden, aber er befindet sich durch die Neuschöpfung Gottes bereits im Jenseits, deshalb braucht es keine Gaben.

Wohl lässt die Grabstelle an den Verstorbenen erinnern. Deshalb findet man häufig einfache Holz- oder Steinpfähle dort, wo der Kopf des Verstorbenen liegt. Mit der Zeit wirken solche Grabstellen ungepflegt, weil der Pflanzenwuchs nicht eingegrenzt wird. Es ist erlaubt, dass die Grabstele oder der Grabstein künstlerisch gestaltet wird, etwa mit kalligrafisch gestalteten Koransprüchen (vgl. das Bild auf Seite 193).

Zudem gibt es – vor allem im zentralasiatischen und südasiatischen Raum – Mausoleen muslimischer Heiliger oder großer Herrscher (vgl. etwa als bekanntestes Beispiel das Taj Mahal im indischen Agra oder das Mausoleum von Timur Lenk in Samarkand), die herausragende Beispiele islamischer Architektur sind. In solchen Mausoleen sind meist kostbare Kenotaphe aufgestellt, die wie Schreine gestaltet sind. Diese sind aber immer leer, die Herrscher sind darunter in der Erde bestattet wie jeder andere Muslim auch. Die salafistische Richtung des Islam lehnt allerdings jederlei Heiligen- oder Totenkult vehement ab; in der Folge sind in den letzten Jahren sowohl in Nordafrika wie im Vorderen Orient viele islamische Gräber und Mausoleen zerstört worden.

In Deutschland finden zunehmend muslimische Bestattungen statt. Auf manchen Friedhöfen gibt es deshalb inzwischen islamische Grabfelder. Doch viele Muslime lassen sich in ihrer ursprünglichen Heimat, etwa der Türkei, beisetzen.

Islam und die Religionen

Der Islam ist nach dem Christentum die zweitgrößte Religion der Welt. Es gibt Länder wie auf der Arabischen Halbinsel oder in Südasien, wo die gesamte Bevölkerung muslimisch ist; in immer mehr Gebieten der Welt aber gibt es eine gemischtreligiöse Bevölkerung, sodass der Islam notwendigerweise ständig in Kontakt mit anderen religiösen Konzepten kommt. Durch die Globalisierung wird sich diese Situation verstärken. Die Frage, wie sich der Islam zu anderen Religionen stellt, wird deshalb immer wichtiger. Der interreligiöse Dialog zudem ist für den Frieden in der Welt und für eine gerechte Weltordnung von erheblicher Bedeutung. Diesen Themen wird in diesem Kapitel nachgegangen.

Abraham – der erste Muslim

Die drei Religionen Judentum, Christentum und Islam sind Geschwisterreligionen, die in vielen Themen (Glaube an einen Gott, Gebet, Jenseitshoffnung, Ethik ...) weithin übereinstimmen. Zudem ist heute klarer, dass nicht nur das Christentum aus dem Judentum herausgewachsen ist – Jesus war Jude–, sondern dass auch der Islam aus dem zur Zeit Mohammeds auf der arabischen Halbinsel existierenden Judentum und Christentum heraus entstanden ist: In diese Grundlage erfolgte eine neue Offenbarung an Mohammed hinein – so die islamische Sicht. Es wundert deshalb nicht, dass sich im Koran und in islamischen Traditionen wie den Hadithen vielerlei biblische Themen wiederfinden und dass eine Vielzahl biblischer Propheten (von Adam bis Jesus) auch im Koran als Propheten verehrt werden. Es gibt bei allen Differenzen (etwa im christlichen Bekenntnis zur Trinität) eine durchgehende Glaubenslinie dieser drei Religionen, die auch die Grundlage für einen interreligiösen Dialog sein kann und muss.

Dabei berufen sich Judentum, Christentum und Islam, wenn auch mit unterschiedlichen Aspekten, auf die Gestalt des Abraham (arabisch *Ibrāhīm*), gleich ob diese Person legendär ist oder historisch verankert werden kann. Die drei Religionen des Vorderen Orients werden zu Recht die abrahmi(ti)schen Religionen genannt, weil ihnen Abraham als Vorbild eines unbedingten Glaubens an den einen Gott vor Augen steht und Abrahams Glaubensgehorsam (sichtbar in seiner Bereitschaft, sich von Gott führen zu lassen bis hin zur Bereitschaft, seinen Sohn zu opfern) als Modell eines unbedingten Vertrauens auf den einen und einzigen Gott dient. Abraham ist der Vater des Glaubens, das können Juden, Christen und Muslime gemeinsam sagen.

Für Muslime ist Abraham wegen seiner Hingabe (arabisch *aslama* = sich hingeben, aus dem Verb folgt das Substantiv *islam*) an Gott der erste *Muslim*, der erste, von dem eine solche vorbildhafte Glaubenshaltung bekannt ist. In der Person des Abraham beginnt nach muslimische Auffassung die richtige Religion, die Religion des Islam; Abraham ist somit der erste Muslim überhaupt. Judentum und Christentum mögen sich auf ihre Art (Judentum – biologische Abstammung von Abraham; Christentum – Glauben wie Abraham) auf Abraham berufen, der wahre Erbe Abrahams aber ist der Islam, der damit die erste der großen Religionen ist und zugleich wegen der letzten Offenbarung an Mohammed auch die letzte.

In vielfacher Weise wird Abraham im Islam auch in Parallele zu Mohammed gesehen: Wie Abraham ruft Mohammed zum Glauben an den einen und einzigen Gott auf und lehnt jede Verehrung anderer Götter vehement ab. Wie Abraham (zumindest in islamischer Tradition) wird auch Mohammed deshalb verfolgt, doch Gott rettet ihn und schenkt ihm in einem neuen Land (Abraham in Palästina, Mohammed in Medina) einen neuen Anfang. Abraham ist wie Mohammed Prophet und Gesandter Gottes. Von Abraham gibt es über dessen Erstgeborenen Ismael eine unmittelbare genealogische Linie bis zu den arabischen Stämmen und über den Stamm der Quraisch und bis zu Mohammed selbst. Abraham verweist demnach unmittelbar auf Mohammed, die beiden verbindet ein gemeinsamer Glauben.

Mose – das Judentum

Die zweite große Prophetengestalt sowohl der Hebräischen Bibel wie des Korans ist Mose (arabisch *Mūsā*). Er ist Offenbarungsempfänger wie Mohammed, doch seine Botschaft wurde in der Folge von seinem Volk dadurch verfälscht, dass man sie nur auf Israel bezog und nicht an alle Völker weitergab – deshalb folgte wegen der Barmherzigkeit Gottes später eine weitere Offenbarung an Jesus und schließlich als Abschluss an Mohammed, an das Siegel der Propheten.

Die Gestalt des Mose – auch hier ist unwesentlich, was daran historisch oder fiktiv ist – kann in viel stärkerem Maß als Abraham, Jesus und auch andere biblisch-koranische Propheten in eine unmittelbare Parallele zu Mohammed gestellt werden. Mose ist Prophet und erhält eine Offenbarungsschrift (in muslimischer Sicht die Tora); damit ist er ein »Auserwähl-

Mohammed (rechts) leitet Abraham, Mose und Jesus zum Gebet an, persische mittelalterliche Miniatur

ter. Und ein Gesandter, ein Prophet war er.« (Sure 19,51), ein von Gott Bevorzugter. Diese Offenbarung der Tora mit ihrer präzisen Gesetzgebung ist ebenso wie die Anweisungen des Korans eine Rechtleitung, die aus dem Erbarmen Gottes folgt: »Dann gaben wir Mose die Schrift ... als Rechtleitung und als Barmherzigkeit, damit sie ... glauben« (Sure 6,154).

Doch Mose – ebenso wie Mohammed – leitet nicht nur die Rechtleitung Gottes, die göttliche Gesetzgebung, an die Menschen weiter, er wird selbst zum Gesetzgeber und Richter. Er unterwirft sich dem Willen Gottes und wird – wie Abraham – zu einem Muslim, der sich Gott hingibt. Zugleich leitet er sein Volk Israel – wie Mohammed die Umma in Medina und darüber hinaus – an, dieser Rechtleitung zu folgen.

Mose ist damit nicht nur Prophet und Gesetzgeber, sondern auch Anführer des Volkes, er ist Feldherr und Machthaber auf dem langen Weg seines Volkes bis hin zur Landnahme, so wie Mohammed auch Prophet, Gesetzgeber, Staatsoberhaupt und Feldherr in Medina war. Mose und Mohammed sind sehr verwandte Persönlichkeiten.

Was bedeutet dies für die Stellung des Islam zum Judentum? In Medina gab es bei der Hidschra (dem Auszug Mohammeds von Mekka nach Medina entsprechend dem Auszug Mose von Ägypten nach Palästina) im Jahr 622 drei jüdische Stämme. Weil diese sich aber, obwohl sie Mohammed zuerst als Oberhaupt der Stadt anerkannt hatten, im Kampf gegen die Mekkaner (624 Schlacht von Badr) nicht loyal zeigten, wurden sie entsprechend der damaligen Gepflogenheit der arabischen Stämme aus der Stadt vertrieben beziehungsweise vernichtet.

Dies veränderte auch die Einstellung Mohammeds und der Muslime zum Judentum. Standen die Muslime bis dahin weithin friedlich und aufgeschlossen dem Judentum gegenüber, mit dem sie ja durch den Glauben an den einen und einzigen Gott (stärker als mit den Christen und deren trinitarischem Glauben) und zudem durch viele Propheten von Abraham bis Johannes dem Täufer verbunden waren, so ist das Verhältnis nun gebrochen.

Im Koran wird das Judentum als Religion nicht explizit erwähnt, wohl aber wird von Menschen mit jüdischem Glauben beziehungsweise den Kindern Israels gesprochen. Sie folgen einer alten und unvollkommenen Religion, die zudem die Offenbarung Gottes durch die Beschränkung auf ihr Volk verfälscht hat. Dennoch sind die Juden wegen ihrer heiligen Schrift, der Hebräischen Bibel, eine *Buchreligion*, die zu achten ist. Sie müssen kritisiert werden – wie im Koran –, wenn sie Verfälschungen der Offenbarung und Rechtleitung Gottes verbreiten, doch müssen sie wegen ihres dem Islam vergleichbaren Monotheismus und ihrer Ethik geschützt werden.

In der Geschichte der islamischen Reiche waren Juden – wie Christen – deshalb Schutzbürger, die ihren Glauben mehr oder weniger frei leben konnten, wohl aber eine Sondersteuer zu zahlen hatten, die sie allerdings auch vom Militärdienst freistellte. In der Praxis wurde das Zusammenleben von Juden und Muslimen sehr unterschiedlich gestaltet. In der Regel aber lebten Juden unter islamischer Herrschaft wesentlich sicherer und geachteter als unter christlicher Herrschaft. Oft waren sie eine durchaus geachtete Minderheit, die sich besonders durch Bildung, Wissenschaft und erfolgreiche Wirtschaft auszeichnete (wie etwa in Andalusien). Es gab auch Diskriminierungen, aber die Vielzahl von Ausschreitungen und Pogromen wie in christlichen Ländern gab es nicht. In unserer Zeit wird ein muslimischer Antisemitismus häufiger sichtbar, aber dies ist meist ein Antizionismus, der sich gegen die Politik des Staates Israel und dessen Palästina-Politik wendet. In vielen islamisch regierten Ländern (selbst im Iran) können Juden weithin problemlos ihren Glauben leben.

Jesus – das Christentum

Auch Jesus (arabisch *Īsā*) zählt zu den bedeutendsten Propheten des Korans und des Islam. Er wird vielfach erwähnt, meist im Zusammenhang mit seiner Mutter Maria, der die Sure 19 gewidmet ist *(Maryam)*. Der Islam sieht Jesus als größten Propheten vor Mohammed an und dies, obwohl die beiden Gestalten in ihrem Lebenslauf völlig verschieden sind.

Doch auch Jesus ist Offenbarungsempfänger und hat von Gott eine heilige Schrift, ein Buch, empfangen. Dies ist das Evangelium – eine Differenzierung der vier Evangelien kennt der Islam nicht, es geht um die eine Frohe Botschaft von der Barmherzigkeit Gottes für alle Menschen; die Apostelbriefe des Neuen Testaments werden im Islam nicht beachtet.

Der Koran erwähnt Jesus 33 Mal und nennt ihn Prophet und Gesandten Gottes, Diener Gott, Gesegneter, Messias (Gesalbter Gottes); Jesus ist das Wort Gottes und er besitzt Geist von Gott. Breiten Raum nimmt die koranische Geburtslegende Jesu in Sure 19 ein. Dabei wird die Geburt Jesu in die arabische Stammeskultur der Steppe und Wüste transferiert und an den Verständnishorizont der arabischem Adressaten des Korans angepasst. So wird Jesus nicht in einer Höhle in Betlehem geboren, wie es die lukanische Kindheitslegende erzählt, sondern unter einer Dattelpalme in der Wüste, an deren Fuß auch eine Quelle entspringt, an der sich Maria laben kann. Sie ist mit ihrem Neugeborenen allein in der Wüste, weil sie von den Leuten ihres Stammes beschuldigt wird, ein uneheliches Kind zu bekommen. Diese Erzählung ähnelt der koranischen Erzählung von Hagar und ihrem Sohn Ismael in der Wüste, die die Quelle Zamzam (bei Mekka) fanden, eine Erzählung die im Hadsch von den Pilgern nachgespielt wird (vgl. Seite 90 und 93). Dass dieser neugeborene Jesus ein außergewöhnliches, weil von Gott in besonderer Weise gesegnetes Kind ist, zeigt sich dann daran, dass er seine Mutter gegen die Vorwürfe der Stammesangehörigen in Schutz nimmt, sich selbst zudem als *abdullah*, als Diener Gottes, und Propheten bezeichnet.

Bereits als Kind zeigt sich Jesus als Muslim, weil er nicht nur den einen und einzigen Gott bekennt, sondern auch das Gebet und die Armenspende vollzieht (Sure 19,31). Jesus ist einer der Rechtschaffenden, »der Messias, im Diesseits und im Jenseits geehrt« (Sure 3,45). Allerdings wird das Bekenntnis der Christen zu Jesus als Sohn Gottes beziehungsweise als Gott und Mensch (vgl. die ersten christlichen Konzilien) vom Koran und von Muslimen vehement zurückgewiesen: Der transzendente Gott kann keinen Sohn haben – wer so etwas sagt, verleugnet die Offenbarung Gottes. Somit war es unbedingt notwendig, dass auch nach dem Propheten Jesus ein weiterer Prophet kommen musste: Mohammed. Dieser wurde sogar nach Sure 61,6 von Jesus selbst vorausgesagt: »O ihr Kinder Israels, ich bin Gesandter Gottes für euch ... der verkündet einen Gesandten, der nach mir kommt. Sein Name: Ahmad.« Dieser letzte Prophet übertrifft Abraham, Mose und Jesus; er ist der glanzvolle Abschluss der Prophetie, so wie sie der Koran versteht.

Jesus, der Prophet, war Mensch ebenso wie Mose und Mohammed. Ihm gebührt Verehrung, weil auch er Gesandter Gottes war, eine Gottessohnschaft kann ihm allerdings nicht zugesprochen werden. Dies hat – bei Mohammed beginnend – zum Vorwurf von Muslimen gegenüber Christen geführt, dass die Christen nicht den einen Gott, sondern drei Götter anbeten: Gott *(allah)*, Jesus und Maria. Maria deshalb, weil deren Verehrung in der Volksfrömmigkeit zum Missverständnis führte, dass sie die dritte Person der christlichen Trinität sei – der Geist kann im semitischen Verständnis nicht als Person verstanden werden. Durch christliche Darstellungen von Gott als drei gleich gestaltete Personen (etwa Abbildungen hinter dem Altar äthiopischer Kirchen, die im arabischen Raum durch äthiopische Händler bekannt waren) ist diese Sicht als Missverständnis erklärbar; das muslimische Vorurteil kann aber nur schwer ausgeräumt werden, selbst wenn man solche Bilder in den westlichen Kirchen nicht findet.

Was bedeutet das für die Stellung des Islam zum Christentum und zu Christen in seinen Herrschaftsgebieten? Weder in Mekka noch in Medina lebten zur Zeit Mohammeds Christen. Doch gab es südlich von Mekka die christliche Stadt Nadschrān, zudem einzelne Christen in anderen Orten. Manche christliche Händler mögen auch zu den Märkten Mekkas gekommen sein; umgekehrt hat Mohammed auf seinen Karawanenreisen bis nach Damaskus Christen, auch christliche Mönche, kennengelernt.

Eine Grundkenntnis nicht nur jüdischen, sondern auch christlichen Glaubens, vor allem aber eine Kenntnis der wichtigsten Erzählungen über Jesus kann man deshalb bei Mohammed voraussetzen. Allerdings spiegeln sich neutestamentliche Erzählungen weitaus weniger im Koran wider, als dies die alttestamentlichen Erzählungen über die Propheten tun, vor allem über Abraham und über Mose. Der Umgang mit den biblischen Texten war von der Anpassung an die arabischen Verhältnisse (vgl. oben zur Geburt Jesu) bestimmt, zum anderen aber auch von einer kritischen Sicht auf diese Prophetengestalt vor Mohammed: Der blutige Tod eines Propheten am Kreuz konnte nicht geschehen, deshalb wird die Kreuzigung Jesu verneint; er sei stattdessen von Gott in den Himmel erhoben worden und werde am Ende der Zeiten als Zeichen für das Endgericht wieder erscheinen.

In seiner mekkanischen Zeit sind Mohammed und seine Gefährten Christen wohl eher mit Wohlwollen begegnet. Tolerant ließ man ihren Glauben zu: »Euch eure Religion und mir meine« (mekkanische Sure 109,6). Auch in der ersten in Medina geoffenbarten Sure 2 heißt es noch: »Und es gibt keinen Zwang in der Religion« (Sure 2,256). Doch spielten Christen in der Anfangszeit des islamischen Reiches von Medina keine Rolle.

Das änderte sich, als die Auseinandersetzung mit den jüdischen Stämmen in Medina begann und man auch die Schwesternreligion Christentum nun kritischer betrachtete: Wie die Juden, so störten nun auch die Christen die innere Einheit des wachsenden islamischen Reiches, welches auf dem Islam als einheitlicher Staatsreligion für alle Bürger aufbaute. Das christlich-byzantinische Reich im Norden, zu dem offiziell sogar die arabische Halbinsel gehörte, obwohl Byzanz dort keine unmittelbare Herrschaft ausübte und auch an diesen wirtschaftlich uninteressanten Wüstengebieten nicht interessiert war, stellte für den jungen Islam zuerst keine Bedrohung dar. Es gab zwar ab dem Jahr 630 kleinere militärische Auseinandersetzungen an der nunmehr islamisch-byzantinischen Grenze im Norden der Halbinsel. Auch versuchte Mohammed durch Sendschreiben, christliche Herrscher (den Kaiser in Byzanz, den äthiopischen Negus, den koptischen Patriarchen im ägyptischen Alexandria) zur Konversion zum Islam zu bewegen – natürlich waren solche Versuche erfolglos.

Erst als nach dem Tod Mohammeds im Jahr 632 zur Zeit der vier rechtgeleiteten Kalifen die schnelle Ausbreitung des islamischen Reiches in die Gebiete des Vorderen Asiens und Nordafrikas – und damit in byzantinisches Hoheitsgebiet – begann, gab es eine politisch-militärische Konfrontation zwischen Muslimen und Christen. Doch zählten in den islamisch eroberten Gebieten die Christen wie die Juden als Schutzbürger, weil sie Anhänger einer Buchreligion waren und ihnen durch Jesus eine unmittelbare Offenbarung Gottes zuteil geworden war. Diese Offenbarung hatten sie allerdings dadurch verfälscht, dass sie Gott »etwas beigesellten«.

Die weitere Geschichte der Anhänger der drei abrahamitischen Religionen und besonders der Muslime und Christen zeigt ein ambivalentes Gesicht. Es gab Zeiten und Regionen wie teilweise Andalusien, aber auch Syrien, in denen die muslimischen Herren des Landes mit christlichen (und jüdischen) Untertanen friedlich zusammenlebten. Einen Zwang zur Konversion gab es in der Regel nicht; wohl aber wurde durch eine unterschiedliche Besteuerung erreicht, dass mancher aus wirtschaftlichen Gründen zum Islam konvertierte.

Aus christlicher Sicht aber waren wichtige christliche Gebiete, etwas Nordafrika und Syrien an den Islam verloren gegangen; besonders schmerzte der Verlust des Heiligen Landes, des Landes, in dem Jesus gelebt und gewirkt hatte. Die ab dem 11. Jahrhundert erfolgten Kreuzzüge hatten sicher vielerlei machtpolitische und wirtschaftliche Gründe, waren aber durchaus auch religiös bestimmt. Der Gewalt der »heidnischen« Muslime durch die Eroberung christlicher Gebiete wollte man mit dem Kampf um den wahren Glauben begegnen. Der Begriff »Kreuzzug« hat bis ins 20. Jahrhundert deshalb eine unheilvolle Wirkung gezeigt (George W. Bush im zweiten Irakkrieg 2003: »Kreuzzug gegen Terroristen«). Die verschiedenen islamistischen Terrororganisationen (Al Qaida, IS und andere) greifen diese Begrifflichkeit als Argument für ihre Anschläge auf.

In den meisten Ländern leben Muslime und Christen relativ friedlich miteinander. In einigen Ländern (etwa Pakistan) gibt es rechtliche Einschränkungen der christlichen Religion bis hin zur Verfolgung von Christen. Solche Einschränkungen sind inzwischen nicht nur in den traditionell streng islamischen Ländern wie in Saudi-Arabien zu spüren, sondern auch in anderen wie in der Türkei oder im eigentlich toleranten Indonesien. Um den Frieden in der Welt zu wahren, sind Religionsdialog und ein beiderseitiges Bemühen um Verständnis deshalb nötiger denn je.

Polytheisten – die Ungläubigen

In aller Deutlichkeit fordert der Koran zum Glauben an den einen und einzigen Gott auf und warnt eindringlich davor, dass man etwas oder jemandem anders als diesem einen Gott Göttlichkeit zuspricht. Dem einen und barmherzigen Gott darf nichts »beigesellt« werden. Dies ist zum einen eine Ablehnung der christlichen Trinitätslehre (vgl. oben), zum anderen aber eine Ablehnung der unterschiedlichsten polytheistischen Glaubensvorstellungen.

Ein Glaube an mehrere oder viele Götter (Polytheismus) findet sich religionsgeschichtlich in vielen Kulturen. Doch meist geht es darum, dass die unterschiedlichen Aspekte des einen Göttlichen (vergleichbar den 99 Attributen Gottes im Koran oder den verschiedenen Gottesbildern in der Bibel) auf mehrere Götter aufgeteilt werden, die damit jeweils für einen Teil des Kosmos verantwortlich sind (etwa für die Ernte, für den Krieg, für das Meer ...). Vor dieser Einstellung warnt der Koran immer wieder eindringlich: »So ruf nicht an neben Gott einen Gott, einen anderen, damit du nicht zu den Bestraften gehörst« (Sure 26,213). Ebenso aber wird auch davor gewarnt, sich auf Fürsprecher bei Gott zu verlassen oder anderes anzurufen »was weder nützt noch schadet«. Darunter können Magie und abergläubige Praktiken verstanden werden.

Es geht dem Islam also um einen reinen und unbedingten Glauben an den einen Gott, der allein Macht über alles hat. Ihm allein gilt das Vertrauen der Menschen, zu ihm allein sollen sie beten. Damit baut der Islam auf dem strengen Gottesbild des nachexilischen Judentums auf – Jahwe, Gott allein. Dies wird auch daran deutlich, dass immer wieder Abraham als Vorbild hingestellt wird – der erste Muslim, der sich in koranischer Sicht vom Vielgottglauben seiner Väter abgewandt und dem wahren Glauben an den einen Gott zugewandt hat: »Als Abraham zu seinem Vater Azar sagte: ›Nimmst du dir Götzen zu Göttern? Ich sehe dich und dein Volk in einem Irrtum, einem offenkundigen.‹ Und so zeigten wir [Gott] Abraham das Reich der Himmel und der Erde, damit er einer von denen sei, die überzeugt sind ...« (Sure 6,74f.). So wird Abraham »Gott ergeben, reinen Glaubens, und nicht einer der neben Gott Anderes Stellenden« (Sure 16,120). Abraham wird zum Vater des Glaubens (vgl. Seite 196).

Wenn der Koran sowohl in den mekkanischen wie in den medinischen Suren den Polytheismus ablehnt, dann sind mit dieser Ablehnung zuerst die Anhänger der vorislamischen Religion(en) der arabischen Halbinsel gemeint, die vielerlei regionale (etwa für einen Stamm) oder lokale (etwa an einer Quelle oder einem herausragenden Berg) Gottheiten verehrten. Hinzu kamen Götter und Göttinnen, die den einzelnen Stämmen übergeordnet waren und deren Verehrung die Stämme verband – etwa im alten Kultort der vorislamischen Kaaba in Mekka. Die religiöse Landschaft in Arabien war ein bunter Flickenteppich, dies aber genügte Mohammed nicht. So zog er sich zur Mediation in eine Höhle am Berg Hirā zurück und empfing dort im Jahr 610 die erste Offenbarung einer Koransure (Sure 96).

Die polytheistische Götterverehrung in Mekka rund um die Kaaba war nicht nur ein religiöses Phänomen, sondern hatte durch die vielen Pilger und die Märkte anlässlich religiöser Feste und Wallfahrten auch erhebliche wirtschaftliche Auswirkungen auf die Stadt. Deshalb ist verständlich, dass Mohammed von den Einflussreichen selbst aus seinem eigenen Stamm erheblicher Widerstand entgegengesetzt wurde. Dies wiederum hat sicher zu der eindeutigen und kompromisslosen Verurteilung jeglicher polytheistischer Gottesverehrung durch die Muslime beigetragen. Nach der Übernahme der Stadt Mekka in das islamische Reich von Medina im Jahr 630 wurde die Vielgottverehrung auf der arabischen Halbinsel konsequent beendet.

Durch die Ausweitung des islamischen Reiches nach dem Tod Mohammeds begegneten Muslime nicht allein verstärkt Juden und Christen, die sie als »Halbgläubige« ansahen, als Anhänger einer Buchreligion, die durchaus richtige, aber eben auch verfälschende Züge hatte (bei Christen etwa die Beigesellung von Jesus zu Gott). Doch stärker angefragt wurde der islamische Eingottglaube auf dem Weg nach Osten in den zentralasiatischen Gebieten. Bereits in Persien gab es den Zoroastrismus mit nicht allein der dualen Gottheit von Ahura Mazda und Ahriman, dem Guten und dem Bösen, sondern auch mit weiteren Gottheiten, etwa der Wassergöttin Anahita im westpersischen Ort Kangavar. Vor allem aber begegnete dem Islam im indischen Raum eine Vielzahl von Gottheiten unter dem Dach des Hinduismus, der sich in der Zeit, als im 8. Jahrhundert die ersten Muslime nach Indien kamen, neu ordnete und die bunte Götterverehrung hervorbrachte, die bis heute Indien bestimmt. Es wundert nicht, dass sich in diesem multireligiösen Indien mit einem Pantheon verschiedenster Gottheiten der muslimische Kampf gegen den Polytheismus besonders stark und aggressiv zeigte – etwa beim Kampf des sich brutal durchsetzenden Mogulherrschers Aurangzeb (1618–1707), der wichtige Hindu-Tempel niederriss und statt dessen Moscheen bauen ließ. In Indien wird – heute allerdings eher von der nationalreligiösen hinduistischen Partei – der Kampf um den richtigen Glauben in aller Gefährlichkeit sichtbar.

Wenn der Ägyptologe Jan Assmann auf seiner Suche nach den Gründen für aus den Religionen kommende Gewalt sucht, dann ist sicher ein Aspekt der unbedingte Monotheismus, der den Islam, aber in anderer Weise auch das Christentum prägte. Das Judentum grenzt sich davon ab, weil es keine Missionierungsbestrebungen kennt und sich auf das eigene Volk beschränkt. Doch die anderen monotheistischen Religionen haben ein hohes Gewaltpotenzial, das zeigt die Geschichte mehr als deutlich. Umso wichtiger wird in der heutigen Situation der Welt der Dialog der Religionen, um den Frieden in der Welt zu fördern. Ob es »Heiligen Krieg« (so der Prophet Joël in der Hebräischen Bibel) oder »Friede auf Erde« (so die Engel in der lukanischen Kindheitslegende) gibt, liegt wesentlich daran, ob die Religionen – und Christentum wie Islam im Besonderen – dazu finden, respektvoll und tolerant auch mit anderen religiösen Auffassungen umzugehen.

Interreligiöser Dialog

Der aus Persien stammende Sufi-Dichter und islamische Mystiker Scheich Mahmoud Schabistari (1288–1340) schreibt (nach Neil Klotz, Die Weisheit der Sufis, München 2007, Seite 95): »›Ich‹ und ›Du‹ bündeln Licht wie ein Lochmuster, das man in einen Lampenschirm schneidet. Aber es gibt nur ein Licht. ›Ich‹ und ›Du‹ werfen einen dünnen Schleier zwischen Himmel und Erde. Hebe den Schleier und alle Glaubenslehren verschwinden.« Den Sufis (vgl. Seite 99) geht es wie den Mystikern in anderen Religionen um die innere Einheit eines Menschen mit Gott – die Unterschiede der Religionen sind für sie bedeutungslos, und so überschreiten sie die Grenzen ihrer verfassten Religion und lehnen jede religiöse Bevormundung ab, weil es eine tiefere innere Wahrheit für alle Menschen gibt.

Von solcher Offenheit sind allerdings die meisten Anhänger der großen Religionen weit entfernt. Vor allem die Frage nach Wahrheit und Unwahrheit, nach Glauben und Unglauben führt besonders in den monotheistischen Religionen zu Abgrenzungen und Ausgrenzungen: zum Kampf der Gläubigen gegen die Ungläubigen. Dabei übersehen die meisten Juden, Christen, Muslime, dass die drei abrahamitischen Religionen in den Grundzügen nahezu identisch sind; in mancherlei Auslegungsfragen dieser Grundsätze unterscheiden sie sich allerdings und in der konkreten Praxis einer Ausübung ihrer Religion haben sich im Lauf der Geschichte sowieso sehr unterschiedliche Wege deshalb ergeben – weil Menschen und ihre Kulturen so unterschiedlich sind.

In der heutigen Zeit einer zunehmenden und nicht reversiblen Globalisierung nicht allein von Wirtschaft und Politik,

Weltgebetstreffen in Assisi, 2011

sondern auch von Wissenschaft, Kultur und Religion ist es unerlässlich, dass die Trennung der Religionen überwunden wird. Dies bedeutet keine Gleichmacherei, auch keinen »harmonisierten« Einheitsglauben, kein Aufgeben der jeweiligen Besonderheit, wohl aber die für Frieden und Gerechtigkeit in der Welt notwendige Erkenntnis, dass nur der Dialog der Religionen zum Frieden der Religionen führen kann. Erst der Friede der Religionen aber, das hat der Theologe Hans Küng in seinem wegweisenden Buch über den Islam bereits 2004 formuliert, kann zum Frieden zwischen den Nationen führen. Dazu aber bedarf es eines verstärkten Dialoges zwischen den Religionen.

Dazu gibt es durchaus verschiedene Ansätze: Das Weltparlament der Religionen traf bereits 1893 in Chicago zusammen; sechs weitere Konferenzen gab es in den Jahren zwischen 1993 und 2016 an unterschiedlichen Orten der Welt. 1993 kam es dabei zu einer wegweisenden »Erklärung zum Weltethos«.

Die verschiedenen »Weltgebetstreffen für den Frieden« im italienischen Assisi in den Jahren 1986, 1993, 2002 und 2011 setzten mit ihrer eher spirituellen Note einen anderen Akzent. Diese jeweils vom Papst einberufenen Treffen der wichtigsten Religionsführer der Welt beruhen auf der durch das Zweite Vatikanische Konzil veränderten Sicht der katholischen Kirche auf die Religionen, denen im Konzilsdokument *Nostra Aetate* Anteil an der Wahrheit zugesprochen wird. In den Gesprächen und Gebeten in Assisi treten die Religionen gemeinsam für Frieden, Gerechtigkeit und Menschenwürde ein und ächten jegliche Gewalt im Namen der Religion. Auch wird anerkannt, dass die Gewaltgeschichte der Religionen gegen deren eigentliche Intention einer alle Menschen umfassenden Harmonie mit Gott, dem Göttlichen steht.

Neben diesen und anderen bedeutenden Ereignissen eines Religionsdialogs, an denen auch wichtige Vertreter des Islam (Imame, Rechtsgelehrte) teilnahmen, gibt es lokal und regional eine Fülle von Bemühungen, das Verständnis der Religionen zu verbessern. Im Islam kann man sich dabei auf die schon erwähnte Aussage der Sure 2,256 (»Es gibt keinen Zwang in der Religion«) und Sure 109,6 (»Euch eure Religion und mir meine«) berufen. Diese Sicht allerdings wird nur von einem Teil der Muslime geteilt, viele – Muslime ebenso wie Christen – interessieren die anderen Religionen nicht; einige – ebenfalls Muslime wie Christen – lehnen bis hin zur Gewalt den Dialog als Verfälschung des wahren Glaubens ab. Hier bleibt für alle Religionen ein weites Feld von Bemühungen, um zu besserer Kenntnis, zu einem besseren Verständnis der anderen und zu gemeinsamem Handeln mit den anderen zu kommen. Der Friede der Welt ist davon allerdings zum großen Teil abhängig.

Perspektiven

Der Islam ist mit ca. 1,75 Milliarden (= 24,1 % der Weltbevölkerung) die zweitgrößte Weltreligion nach dem Christentum (2,25 Milliarden = 31,2 %; Zahlen von 2015). Der Islam hat aber ein erheblich größeres Wachstumspotenzial, sodass bei gleichbleibenden Bedingungen ein Gleichstand von Christen und Muslimen im Jahr 2060 erreicht werden könnte. Allerdings geht eine solche Vorhersage vom heutigen Bevölkerungswachstum einzelner Länder aus – über einen solch langen Zeitraum kann diese Prognose nicht gesichert sein. Das religiöse Verhalten von Menschen ist sowieso kaum auf Zukunft hin berechenbar. Deshalb sollen im Folgenden nur einige Aspekte der näheren Zukunft bedacht werden.

Noch einmal: die vielen Gesichter des Islam

Zu Beginn dieses Buches (vgl. Seite 10) wurde auf die vielen Gesichter des Islam hingewiesen: In den einzelnen Regionen der Welt zeigt der Islam ein sehr unterschiedliches Gesicht. Die Grundzüge dieser Weltreligion – der Glaube an den einen Gott, die Verehrung Mohammeds, die Forderung eines von Gott rechtgeleiteten und ethisch verantwortlichen Lebens, die Hoffnung auf ein Jenseits – sind überall identisch, doch ist der Islam wie alle Religionen von der jeweiligen Kultur und

Geschichte abhängig und zeigt sich dementsprechend auch in sehr unterschiedlicher Weise. Eine Wahrnehmung von Muslimen etwa nur im Blick auf den strengen wahhabitischen Islam in Saudi-Arabien oder auf die schiitische Theokratie in Iran wird der Vielfalt der Muslime in keiner Weise gerecht: Der Islam ist bunt, vielfältig, kennt regionale Besonderheiten, hat sich zudem in seiner Geschichte weiterentwickelt – dies auch trotz seiner stark beharrenden Tendenzen, wie sie z.B. bei Salafisten mit ihrem Beharren auf einer Lebensweise wie zu Mohammeds Zeiten erkennbar ist.

Der Islam zeigt aber über diese regionalen Unterschiede hinaus ein vielfältiges Gesicht. Auf den Grundlagen von Koran und Sunna (Hadithe) aufbauend hat er in nahezu 1400 Jahren (2022 nach westlicher Zeitrechnung, nach islamischer Zählung ist dann bereits das Jahr 1443/44) ein Gesamtsystem von religiösem Glauben, gesellschaftlicher Ordnung, staatlicher Organisation, Wissenschaft und Kultur, Brauchtum und Ritualen aufgebaut, das selbst für den beeindruckend ist, der sich religiös anders orientiert. Der Islam gehört zur Weltgeschichte, zur Menschheit und inzwischen auch zu nahezu allen Völkern und Staaten der Erde.

Mohammed, der Prophet des Islam, zählt zu den beeindruckendsten Gestalten der Weltgeschichte. Religionsgeschichtlich kann er mit Mose, Buddha, Jesus und anderen verglichen werden, zeigt aber immer ein eigenes, arabisches Gesicht und ähnelt mit seiner Doppelrolle von Prophet und Staatsmann am ehesten noch Mose, dem Propheten und Anführer Israels. Doch neben diesem »Gründer« des Islam gibt es eine Fülle anderer muslimische Gestalten, die auf ihre je eigene Weise die Welt verändert haben: Manche haben in Theologie, Philosophie, Naturwissenschaft oder Medizin Herausragendes geleistet, andere wiederum waren bedeutende Herrscher im positiven wie negativen Sinn.

In der heutigen globalisierten Welt ist es unerlässlich, dass fundierte Informationen über eine der bedeutenden Bewegungen der Menschheit weitergegeben werden und so ein angemessenes, weil umfangreiches, dazu ein durchaus kritisches, aber auch respektvolles Bild des Islam entsteht. Auch in unserem Land ist der Islam inzwischen eine wichtige Größe, bei aller Problematik, die sich – wie bei anderen Religionen auch – aus dem Innern dieser Religion ergeben kann (etwa Fundamentalismus) oder von außen an sie herangetragen wird (Angst vor dem Fremden). Hinzu kommt, dass der Islam im Blick auf die seit langem in Deutschland verwurzelten Religionen Christentum und Judentum keineswegs so fremd ist, wie manche glauben: Die drei abrahamitischen Religionen sind Schwesternreligionen und einander sehr ähnlich – diese Nähe macht dann oft das Problem einer Konkurrenzsituation aus, die zu Abgrenzung und Missachtung führt. Nur durch Respekt und Dialog aber wird eine Gesellschaft zusammengehalten – dies ist eine bleibende Aufgabe für religiöse wie religionsferne Menschen gleich welcher Richtung und für jede Gesellschaft.

Brücken in die Zukunft

Wie jede gesellschaftliche Gruppierung und religiöse Bewegung wird sich auch der Islam in Zukunft verändern. Es gibt gerade in Religionen zwar häufig eine Entwicklungsverweigerung; aber diese kann auf Dauer nicht aufrecht erhalten werden, wenn eine Gruppierung nicht zur kleinen und skurrilen Sekte verkommen will. Was können – bei aller Vorsicht, was Prognosen über das Verhalten von Menschen angeht – Veränderungen des Islam in den nächsten Jahrzehnten sein?

- Zunächst: Was sich mit Sicherheit nicht verändern wird, sind die Grundlagen des Islam. Der Glaube an den einen und einzigen Gott ist für Muslime nicht verhandelbar, Gott wird weiterhin als Schöpfer und Richter, vor allem als Barmherziger und Rechtleitender gesehen werden, dem man auch im Blick auf die Zukunft (das Jenseits) vertrauen kann. Daraus ergeben sich dann als Antwort des Menschen Glaubenshaltungen und Rituale, die durch die fünf Säulen des Islam ausgedrückt werden.
- Der Islam wird seine Basis in den meisten Ländern der Welt, auch in den westlichen Ländern wie Deutschland, ausbauen und zunehmend auch kulturell, gesellschaftlich und politisch an Einfluss gewinnen. Er wird aber in einzelnen Regionen ein vielgestaltiges Gesicht zeigen – ein südostasiatischer Islam in Indonesien wird sich ganz anders zeigen als ein europäischer Islam in Frankreich oder Deutschland. Die Verknüpfung mit den jeweiligen gesellschaftlichen Systemen in den verschiedenen Teilen der Welt (Stichwort Euro-Islam) wird zu einer großen Herausforderung für den Islam – Einheit und Vielfalt einer Weltreligion ist auch bei anderen Religionen ein Problem.
- Der Islam wird auch in bislang islamischen Staaten immer mehr mit dem Phänomen der Religionslosigkeit konfrontiert werden. Er wird – wie die anderen Religionen auch – erfahren, dass ein bloßes Beharren auf den althergebrachten Ritualen und Ausdrucksweisen nicht weiterführt, sondern dass er zu immer neuer Reformation bereit werden muss, um seine Botschaft vom barmherzigen Gott an künftige Generationen weiterzutragen.
- Der Islam wird in allen Ländern eine zwiespältige Beziehung zur modernen Wissenschaft haben. Einerseits wird er Technik, Kommunikationsmittel, Verkehrssysteme in seine religiös-gesellschaftliche Ordnung integrieren, ande-

Beter in der Freitagsmoschee, Qazvin, Iran

rerseits wird er in manchen Fragen (Evolution, Gleichberechtigung von Mann und Frau ...) weiterhin Probleme haben, weil sie im Konflikt zu religiösen Traditionen stehen. Der Islam steht also –wie alle anderen Religionen auch – vor großen Herausforderungen, die schon jetzt für eine gelingende Zukunft anzugehen sind. Dies wird nicht ohne Konflikte nach innen und außen möglich sein. Dennoch ist anzunehmen, dass sich der Islam aufgrund seiner inneren Kraft eines unbedingten Vertrauens auf Gottes Wegweisung solchen Herausforderungen stellen kann und damit auch in Zukunft in unserer Welt eine bedeutende Kraft darstellt. Der Islam ist – wie andere Religionen – das Modell einer religiösen Weltanschauung, die Glauben und Leben der Menschen verbindet und das Leben der Völker weiterhin beeinflussen wird.

Register der Namen und Begriffe

Bildquellen

Aus Wikipedia Commons:

10	Logo Islam – 13thknight
11	Fadi El Binni of Al Jazeera English
25	Majmac al-tawarikh
36	Photokadaffi
39	Al Jazeera English
40	Tahir mq
65	José Luiz Bernardes Ribeiro
81	Gunawan Kartapranata
91	Al Jazeera English
137	Palm dogg
155	Canon medicinae d'Avicenne
159	Lee Jordan
161,1	Amin Ahouel
161,2	MOD
169	Khammal92
179	Fanny Schertzer
199	unbekannt
211	Stephan Kölliker

Alle anderen Bilder stammen aus dem Archiv des Autors.